AF282628

Deutscher

Kalender

PETER K. STUMPF

JANUAR

01. Januar: 1814: Der preußische Generalfeldmarschall Gebhard Leberecht von Blücher überquert während der Befreiungskriege gegen Napoleon Bonaparte bei Kaub den Rhein. Unter seinem Kommando überquerten innerhalb von nur fünf Tagen rund 50.000 Soldaten, 15.000 Pferde und 182 Geschütze der Schlesischen Armee von Kaub aus den Rhein und drängten im weiteren Verlauf ihres Vormarsches die nach der Völkerschlacht bei Leipzig geschwächten napoleonischen Truppen immer weiter zurück. Gebhard Leberecht von Blücher, der als Marschall Vorwärts in die Geschichtsbücher eingegangen ist, trug somit wesentlich dazu bei, dass das Königreich Preußen beim Wiener Kongress zu den Siegermächten gehörte.

02. Januar: 1584: Im Truchsessischen Krieg erleidet die protestantische Seite in der Schlacht an der Agger eine

Niederlage. Ein Hinterhalt spanisch-bayerischer Truppen führt zu großen Verlusten bei den Verbündeten des zum protestantischen Glauben konvertierten Kölner Kurfürsten Gebhard I. von Waldburg.

03. Januar: 1778: In der Wiener Konvention erreicht Joseph II. die Abtretung der Oberpfalz und Niederbayerns durch den neuen bayerischen Kurfürsten Karl Theodor von der Pfalz an Österreich im Tausch gegen Vorderösterreich und eine erhebliche Geldentschädigung. Der Widerstand anderer deutscher Fürsten unter Führung von Friedrich dem Großen führt zum Bayerischen Erbfolgekrieg.

04. Januar: 1933: Franz von Papen trifft sich im Kölner Haus des Bankiers Kurt Freiherr von Schröder mit Adolf Hitler zu Geheimverhandlungen, bei denen sie eine gemeinsame Regierungsübernahme und die

Reichskanzlerschaft Hitlers vereinbaren. Das Treffen Papens mit Hitler im Haus des Bankiers Schröder in Köln gilt als die „Geburtsstunde des Dritten Reiches" (Karl Dietrich Bracher).

05. Januar: 1919: Nachdem am Vortag Revolutionäre Obleute wegen der Entlassung des Berliner Polizeipräsidenten Emil Eichhorn zum Sturz der Regierung Ebert aufgerufen haben, findet in Berlin eine Massendemonstration von einer halben Million Menschen statt. Daraus entwickelt sich der Spartakusaufstand, als Demonstranten spontan mehrere Zeitungsgebäude besetzen.

06. Januar: 1912: Alfred Wegener stellt während eines Treffens der Geologischen Vereinigung im Frankfurter Senckenberg-Museum erstmals seine Gedanken zur Kontinentalverschiebung in der Öffentlichkeit vor.Die Theorie der Kontinentaldrift, auch

4

Kontinentalverschiebung genannt, beschreibt die langsame Bewegung, Aufspaltung und Vereinigung von Kontinenten. Erste Hypothesen zur Kontinentaldrift gab es bereits im 18. und 19. Jahrhundert. Jedoch führte erst die Arbeit von Alfred Wegener zu einer allmählichen Abkehr vom Fixismus hin zum Mobilismus. Die Bewegung der Erdteile ist heute Bestandteil der Theorie der Plattentektonik.

07. Januar: 1706: Johann Heinrich Zedler geboren, Leipziger Buchhändler und Verleger. Nach einer Buchhändlerlehre gründete Zedler 1726 zunächst im obersächsischen Freiberg und dann 1727 in dem damaligen Verlags- und Buchhandelszentrum Leipzig eine eigene Verlagsbuchhandlung. Mit einer zwischen 1728 und 1733 erschienenen elfbändigen Ausgabe der Schriften Martin Luthers (sogenannte „Leipziger Lutherausgabe", 1729–1734, 11 Bände, Registerband 1740) brachte er sein

erstes größeres Verlagsprodukt auf den Markt.

08. Januar: 1706: Im Gemetzel von Aidenbach wird der letzte Widerstand revoltierender bayerischer Bauern im Rahmen des Spanischen Erbfolgekrieges gegen die kaiserlich-habsburgische Besatzung gebrochen. Die Schlacht von Aidenbach fand zwischen ca. 3.000 bayerischen Aufständischen der bayerischen Landesdefension und kaiserlichen Truppen des Habsburger Kaiser Joseph I. unter Generalwachtmeister Georg Friedrich von Kriechbaum statt. Sie war eine der kleineren Schlachten im Rahmen des spanischen Erbfolgekriegs. Sie hatte aber insofern Bedeutung, als es sich bei der Erhebung des bayrischen Volkes gegen die kaiserliche Besatzung laut Henric L. Wuermeling um die „erste Revolution der Neueren Geschichte" handelte.

09. Januar: 1724: Wilhelm zu Schaumburg-Lippe geboren, deutscher Militärtheoretiker und Heerführer. Graf Wilhelm Friedrich Ernst zu Schaumburg-Lippe († 10. September 1777 auf Haus Bergleben, Wölpinghausen) war ein bedeutender Militärtheoretiker, Heerführer im Siebenjährigen Krieg und als Inhaber der Grafschaft Schaumburg-Lippe ein Stand des Heiligen Römischen Reichs.

10. Januar: 1356: Kaiser Karl IV. verkündet in Nürnberg die ersten 23 ausgearbeiteten Kapitel des Keiserlichen Rechtbuches. In dem später als Goldene Bulle bekannt gewordenen Dokument wird die Krönung der römisch-deutschen Könige und Kaiser geregelt, kurfürstliche Privilegien werden festgeschrieben.

11. Januar: 1907: Deutschland und Dänemark schließen den Optantenvertrag, der Dänen in Nordschleswig die Entscheidung für die

deutsche oder die dänische Staatsbürgerschaft einräumt. Ein zunehmendes Problem stellte der Nachwuchs der dänischen Optanten dar: Die vor 1898 geborenen Kinder dieser Optanten galten als staatenlos. Im Ganzen handelte es sich bei dieser Gruppe um über 4.000 Personen. Nach Geheimverhandlungen kam es im Januar 1907 schließlich zum Abschluss des Optantenvertrages. Er besagt, dass die zwischen 1871 und 1898 in Schleswig geborenen Kinder dänischer Optanten selbst entscheiden konnten, ob sie die dänische oder die deutsche Staatsangehörigkeit annehmen wollten.

12. Januar: 1871: Die zweitägige Schlacht bei Le Mans im Deutsch-Französischen Krieg endet mit einem strategischen Sieg des preußischen Heeres. Die französische Armée de la Loire stellt nach schweren Verlusten keine Bedrohung mehr dar. Der am Vortag erreichte Erfolg im Zentrum wurde ausgeweitet, der Durchbruch bei

der Vorstadt Pontlieue erzwungen, Yvré-l'Évêque wurde gestürmt. Die Kämpfe gingen in der Stadt Le Mans weiter, wo bis in die Nacht hinein ein Straßenkampf tobte. Die Kämpfe an der Brücke und der Barrikade bei Pontlieue wurden insbesondere von der 19. und der 5. Division geführt. Die Infanterie-Regimenter Nr. 17 und 91 drangen an der Hauptstraße in die Stadt hinein, das Infanterie-Regiment Nr. 56 besetzte den Bahnhof. Am nördlichen Huisne-Abschnitt fiel Montfort an das XIII. Armeekorps, die 17. und 22. Division rangen vor St. Corneille und La Croix und durchbrachen die Front des französischen XXI. Korps (unter Führung des Schiffskapitäns Jaures) bei Lombron. Die 35. Brigade des IX. Armeekorps ging zur Unterstützung des XIII. Armeekorps auf das Nordufer der Huisne und stieß, ohne Widerstand zu finden, zum Parence-Bach vor. Der Rückzug der Franzosen durch Le Mans artete in Flucht aus, die Ordnung und Disziplin der Loirearmee löste sich auf und immer mehr Soldaten flohen. Einigen Einheiten gelang ein geordneter Rückzug, es zeigten sich große Unterschiede zwischen den Milizen und den regulären Truppen.

13. Januar: 1634: In der als Pilsener Revers bekannt werdenden Ergebenheitsadresse, die maßgeblich von den Generälen Christian von Ilow und Adam Erdmann Trkka von Lípa gefördert ist, versichert sein Offizierskorps Wallenstein die Treue. Kaiser Ferdinand II. bewertet das Bekenntnis als Hochverrat seines Generalissimus und gibt in der Folge den Auftrag zu seiner Festnahme.

14. Januar: 1887: Der deutsche Reichstag wird aufgelöst, nachdem eine Vorlage der Regierung Otto von Bismarcks, das Heer um etwa 10 Prozent aufzustocken und das Heeresgesetz um weitere sieben Jahre zu verlängern, abgelehnt worden ist. Am 21. Februar wird eine Reichstagswahl abgehalten.

15. Januar: 1919: In Berlin werden Rosa Luxemburg und Karl Liebknecht nach der Niederschlagung des Spartakusaufstandes von Reichswehrsoldaten ermordet. Gegen den Hauptverantwortlichen Waldemar Pabst wird keine Anklage erhoben, auch die anderen Mittäter werden nie zur Verantwortung gezogen. Die Verwicklung von Reichswehrminister Gustav Noske und Reichskanzler Friedrich Ebert in die Morde ist bis heute ungeklärt.

16. Januar: 1864: Das Kaisertum Österreich und Preußen stellen Dänemark ein auf 48 Stunden befristetes Ultimatum, die Novemberverfassung aufzuheben und das Herzogtum Schleswig zu räumen. Da Dänemark darauf nicht reagiert, kommt es wenige Tage später zum Deutsch-Dänischen Krieg.

17. Januar: 1642: In der Schlacht auf der Kempener Heide bei Krefeld besiegen französisch-weimarisch-hessische Truppen eine kaiserlich-kurkölnische Armee. In der Folge fällt das nördliche Rheinland unter protestantische Besatzung.

18. Januar: 1871: Wilhelm I. von Preußen wird im Spiegelsaal des Schlosses von Versailles zum deutschen Kaiser proklamiert. Diesen Titel hatte er seit der deutschen Verfassung vom 1. Januar.Durch die Kaiserproklamation, die am 18. Januar 1871, dem 170. Jahrestag der Königskrönung Friedrichs III. von Brandenburg, im Spiegelsaal des Schlosses von Versailles stattfand, nahm Wilhelm für sich und seine Nachfolger zur Krone Preußens den Titel eines Deutschen Kaisers an und versprach, „allzeit Mehrer des Deutschen Reichs zu sein, nicht an kriegerischen Eroberungen, sondern an den Gütern und Gaben des Friedens auf dem Gebiet nationaler Wohlfahrt, Freiheit und

Gesittung". Der Proklamation war ein erbitterter Streit über den Titel zwischen Bismarck und König Wilhelm vorausgegangen. Wilhelm fürchtete, dass die deutsche Kaiserkrone die preußische Königskrone überschatten würde.

19. Januar: 1919: Für die Wahl zur Deutschen Nationalversammlung erhalten erstmals Frauen das aktive und passive Wahlrecht. "Alle Wahlen zu öffentlichen Körperschaften sind fortan nach dem gleichen, geheimen, direkten, allgemeinen Wahlrecht auf Grund des proportionalen Wahlsystems für alle mindestens 20 Jahre alten männlichen und weiblichen Personen zu vollziehen". Aufruf 12. 11. 1918.

20. Januar: 1819: In Frankfurt am Main wird unter maßgeblichem Einfluss des Reichsfreiherrn Heinrich Friedrich Karl vom und zum Stein die wissenschaftliche Gesellschaft für Deutschlands ältere Geschichtskunde gegründet. Sie ediert in

den Folgejahren die Monumenta Germaniae Historica.

21. Januar: 1577: Heinrich von Reuschenberg wird zum Landkomtur der Ballei Biesen bestellt und damit zum Leiter der größten Deutschordenskommende im Nordwesten Europas. Heinrich von Reuschenberg, vollständiger Name Johann Heinrich von Reuschenberg zu Setterich, (* 1528 vermutlich auf Burg Setterich; † 30. März 1603 in Köln) war Deutschordensritter und setzte als Landkomtur der Ballei Alden Biesen umfangreiche Reformen innerhalb des Ordens durch.

22. Januar: 1536: Auf dem Prinzipalmarkt in Münster werden die Anführer der Münsterschen Täufer, Jan van Leiden, Bernd Krechting und Bernd Knipperdolling, öffentlich gefoltert und hingerichtet. Das Täuferreich von Münster war in den 1530er Jahren in

Münster (Westfalen) die sich zunehmend radikalisierende Herrschaft reformatorisch ausgerichteter Teile der Stadt um den Prediger Bernd Rothmann hin zu einem apokalyptisch-chiliastischen Regime, das unter dem Eindruck der militärischen Einkesselung und Aushungerung durch katholische und verbündete protestantische Truppen zu offener Gewalt griff. Es endete im Juni 1535 mit der Rückeroberung der Stadt durch den protestantisch gesinnten Fürstbischof Franz von Waldeck.

23. Januar: 1710: Ein Dekret Augusts des Starken verfügt die Errichtung der Kurfürstlich-Sächsischen Porzellanmanufaktur in Meißen unter der Leitung von Johann Friedrich Böttger. Am 6. Juni 1710 die Einrichtung ihrer Produktionsstätte in der Albrechtsburg in Meißen. Die Manufaktur ging 1806 als „Königlich-Sächsische Porzellan-Manufaktur Meissen" aus dem Besitz der Krone in das Eigentum des sächsischen Fiskus über.

24. Januar: 1634: Kaiser Ferdinand II. entlässt Wallenstein als Kommandeur der kaiserlichen Truppen im Dreißigjährigen Krieg, nachdem dieser in Verdacht geraten ist, einen Putsch zu planen. Auf dem Regensburger Kurfürstentag im Sommer 1630 zwangen die Kurfürsten (unterstützt von einer französischen Delegation mit Père Joseph) den Kaiser, Wallenstein, der ihnen zu mächtig geworden war, zu entlassen und die eigenen Truppen zu vermindern. Durch dieses Zugeständnis hoffte der Kaiser erfolglos, die Königswahl seines Sohnes Ferdinand durch die Kurfürsten und (ebenfalls erfolglos) ein militärisches Engagement der ligistischen Armee unter Tilly gegen die Niederlande und in Mantua zu erreichen. Die Absetzungsmitteilung wurde Wallenstein in seinem Kriegslager im Fuggerbau der Stadt Memmingen am 6. September 1630 überreicht. Befürchtungen in Regensburg, er werde sich der Entlassung womöglich

gewaltsam widersetzen, bewahrheiteten sich nicht.

25. Januar: 1077: Der römisch-deutsche König Heinrich IV. trifft während des Investiturstreits auf seinem Gang nach Canossa auf der Burg Canossa der Mathilde von Canossa ein, um von Papst Gregor VII. die Aufhebung des Kirchenbanns zu erbitten. Als Gang nach Canossa bezeichnet man den Bitt- und Bußgang des römisch-deutschen Königs Heinrich IV. von Dezember 1076 bis Januar 1077 zu Papst Gregor VII. zur Burg Canossa, wo dieser als Gast der Markgräfin Mathilde von Tuszien verweilte. Dies war notwendig geworden, nachdem Heinrich IV. im Zuge des Investiturstreits exkommuniziert worden war. Er soll drei Tage lang kniend um Einlass gefleht haben.

26. Januar: 1628: Der kaiserliche Feldherr Wallenstein erwirbt durch heimlichen Kauf die beiden Herzogtümer

Mecklenburg-Schwerin und Mecklenburg-Güstrow, nachdem deren Herzöge von Kaiser Ferdinand II. abgesetzt worden sind. Wallenstein erhielt das Herzogtum Mecklenburg 1628 zunächst als Pfandbesitz in Abgeltung seiner enormen privaten Auslagen für das kaiserliche Heer, das in erheblichem Umfang aus dem Herzogtum Friedland beliefert und versorgt wurde, dann als förmliches Reichslehen. Die beiden Herzöge Adolf Friedrich von Schwerin und Johann Albrecht von Güstrow hatten sich 1625 trotz kaiserlicher Abmahnungen mit Braunschweig, Pommern, Brandenburg, den freien Reichsstädten und Holstein unter Führung des Königs Christian IV. von Dänemark zu einem Defensivbündnis zusammengeschlossen. Obwohl beide Herzöge sich unmittelbar nach der Schlacht bei Lutter 1626 vom Dänenkönig losgesagt hatten, wurden sie 1628 durch Kaiser Ferdinand II. geächtet und abgesetzt und durch Wallenstein als Herzog ersetzt.

27. Januar: 1521: Kaiser Karl V. eröffnet den Reichstag zu Worms, der bis zum 26. Mai dauern wird, und auf dem neben Problemen der Reichsverwaltung wie dem Reichsregiment und den Reichsmatrikeln als letzter Punkt auch die Causa Lutheri behandelt wird.

28. Januar: 1519: Herzog Ulrich von Württemberg überfällt die Freie Reichsstadt Reutlingen und handelt sich damit einen Krieg mit dem Schwäbischen Bund ein. Nach Maximilians Tod 1519 gab Ulrichs Überfall auf die Reichsstadt Reutlingen den Anstoß zu seiner Vertreibung durch Georg Truchsess von Waldburg-Zeil im Auftrag des Schwäbischen Bundes. Ulrich wurde verbannt und Württemberg wurde durch den neuen Kaiser Karl V. dem Haus Habsburg unterstellt. Sohn Christoph wurde Edelknabe am Hofe Karls, seine Erbfolge war ungewiss. Tochter Anna verblieb bei ihrer Mutter Sabina, die nach Ulrichs Verbannung nach Württemberg zurückgekehrt war.

29. Januar: 1832: Im Deutschen Bund wird in der Zeit des Vormärz der Deutsche Vaterlandsverein zur Unterstützung der Freien Presse gegründet. Der Deutsche Vaterlandsverein zur Unterstützung der Freien Presse, kurz Deutscher Preß- und Vaterlandsverein (PVV), war ein während der Restaurationszeit sowie zu Beginn des Vormärz im Jahr 1832 gegründeter Verein deutscher Publizisten, Intellektueller und Politiker. Ziel des Vereins war die Unterstützung der freien Presse durch die Erlangung der Pressefreiheit sowie die Vereinigung aller Staaten des deutschen Sprachraums. Die Mitglieder strebten mit dem Verein „die Wiedergeburt Deutschlands" an.

30. Januar: 1018: Im Frieden von Bautzen auf der Ortenburg in Bautzen verständigen sich der Kaiser des Heiligen Römischen Reiches, Heinrich II., und der polnische Herzog und spätere König von

Polen, Bolesaaw Chrobry, über eine Beilegung ihrer kriegerischen Auseinandersetzungen. Der auf Befehl von Heinrich II. überraschend zustande gekommenen Frieden, dem ein anhaltendes Bitten von Bolesaaw I. Chrobry vorausgegangen war, beendete die seit 15 Jahren miteinander geführten Kriege und zugleich das Bündnis, das Heinrich II. 1003 mit den heidnischen Liutizen geschlossen hatte.

31. Januar: 1943: Generalfeldmarschall Friedrich Paulus kapituliert mit den im Südkessel eingeschlossenen deutschen Einheiten in der Schlacht von Stalingrad im Russlandfeldzug des Zweiten Weltkriegs.

FEBRUAR

01. Februar: 1864: Nach dem Ablauf eines Ultimatums zur Zurücknahme der

mit dem Londoner Protokoll in Widerspruch stehenden Novemberverfassung für den dänischen Gesamtstaat überschreiten österreichisch-preußische Truppen unter Friedrich von Wrangel die Eider und greifen Dänemark an. Damit beginnt der Deutsch-Dänische Krieg. Der Deutsch-Dänische Krieg vom 1. Februar 1864 bis zum 30. Oktober 1864 war ein militärischer Konflikt um die Herzogtümer Schleswig und Holstein, insbesondere um die nationale Zugehörigkeit des Herzogtums Schleswig. Die Kriegsgegner waren einerseits Preußen und das Kaisertum Österreich, andererseits der Dänische Gesamtstaat. Der Krieg gilt als erster der drei Deutschen Einigungskriege und wird in Abgrenzung zur Schleswig-Holsteinischen Erhebung (1848–1851) auch als „Zweiter Schleswigscher Krieg" oder „Zweiter Schleswig-Holsteinischer Krieg" bezeichnet.

02. Februar: 1074: Der Friede von Gerstungen sieht die Schleifung von Burgen am Harzrand vor. König Heinrich IV. gewinnt damit angesichts eines wesentlich größeren Sachsenheeres eine Verschnaufpause im Sachsenkrieg. Doch schon im Folgejahr greift er wieder zu den Waffen. Der Frieden von Gerstungen wurde am 2. Februar 1074 im Schloss Gerstungen an der Werra abgeschlossen. Er legte dem König Heinrich IV. die Wiedereinsetzung des Herzogs Otto von Northeim in das Herzogtum Bayern auf. Letzterer hatte sich 1073 erfolgreich an die Spitze des Aufstands der Sachsen gestellt. König Heinrich IV. musste aus der belagerten Harzburg fliehen und demütig in die in Gerstungen verlangte Schleifung seiner Burgen im Harz einwilligen, darunter beispielsweise der bei Bad Sachsa gelegenen und erst 1070 erbauten Sachsenburg.

03. Februar: 1933: Vier Tage nach der Übernahme der Macht im Deutschen Reich halten Reichskanzler Adolf Hitler

und Reichswehrminister Werner von Blomberg Reden vor höchsten Vertretern der Reichswehr. Darin verkündet Hitler auch sein Expansionsprogramm zur Gewinnung von „Lebensraum im Osten". Durch die stichwortartigen Aufzeichnungen von Generalleutnant Curt Liebmann werden diese frühen Äußerungen überliefert.

04. Februar: 1738: Eine große Menge von Zuschauern beobachtet vor den Toren Stuttgarts auf dem Galgenberg die Hinrichtung von Joseph Süß Oppenheimer, der sich als Finanzberater unter dem verstorbenen Herzog Karl Alexander von Württemberg in ständischen Kreisen unbeliebt gemacht hat und am 9. Januar ohne Begründung zum Tode verurteilt worden ist. Sein Leichnam bleibt mehrere Jahre in einem eisernen Käfig hängen.

5. Februar: 1555: König Ferdinand I. eröffnet den Reichstag zu Augsburg, in

dessen Mittelpunkt eine politische Lösung von Fragen der unterschiedlichem Glauben anhängenden Parteien steht. Im September wird nach zähen Verhandlungen der Augsburger Reichs- und Religionsfrieden verkündet.

6. Februar: 1875: Im Deutschen Reich schreibt das neue während des Kulturkampfes entstandene Reichsgesetz über die Beurkundung des Personenstands und die Eheschließung die obligatorische Zivilehe vor und lässt die Ehescheidung zu. Das Gesetz tritt am 1. Januar 1876 in Kraft.

7. Februar: 1915: Im Ersten Weltkrieg beginnen die deutschen Truppen eine Offensive an der Ostfront. In der Winterschlacht in Masuren entgeht die russische 10. Armee nur knapp der Vernichtung, da sie den deutschen Angriff stark unterschätzt. Die Winterschlacht in Masuren fand

zwischen dem 7. Februar und dem 22. Februar 1915 in Masuren (Ostpreußen, heute Polen) zwischen deutschen und russischen Truppen statt. Sie wird auch Winterschlacht bei Lyck und Augustów oder Winterschlacht an den Masurischen Seen genannt und ist im letzteren Falle nicht mit der Schlacht an den Masurischen Seen zu verwechseln.

8. Februar: 1886: Gunther Plüschow, deutscher Marineoffizier und Flugpionier (Flieger von Tsingtau) geboren. Plüschow († 28. Januar 1931 in Argentinien) war ein deutscher Marineoffizier. Bekannt wurde er nach der Belagerung von Tsingtau als der Flieger von Tsingtau und als Flugpionier in Feuerland, wo er als Erster unter anderem die Darwin-Kordillere, das Kap Hoorn und die Torres del Paine überflog. Ende 1930 kehrte Plüschow nach Chile und Argentinien zurück, um seine Forschungsflüge fortzusetzen. Dabei stürzte er am 28. Januar 1931 mit seinem Flugzeug in den Rico-Arm (Brazo Rico) des Lago Argentino

am Fuße des Gletschers ab, wobei er und der Ingenieur Ernst Dreblow ums Leben kamen.

9. Februar: 1789: Franz Xaver Gabelsberger, deutscher Erfinder der Stenografie geboren. Gabelsberger († 4. Januar 1849) war ein deutscher Stenograf. Mit der Gabelsberger-Kurzschrift war er der Erfinder eines kursiven (grafischen) Kurzschriftsystems und damit eines Vorläufers der heute gebräuchlichen Deutschen Einheitskurzschrift (DEK).

10. Februar: 1920: Bei der Volksabstimmung in Schleswig entscheidet sich die Mehrheit der Bevölkerung Nordschleswigs für den Anschluss an Dänemark. Da der mittlere Landesteil nach einer anschließenden Volksabstimmung bei Deutschland verbleibt, wird Schleswig (auch Sønderjylland) in Nordschleswig (welches zwischen 1970 und 2007 das

Sønderjyllands Amt bildete) und Südschleswig geteilt; die Clausen-Linie bildet seitdem die deutsch-dänische Staatsgrenze.

11. Februar: 1816: Ernst Litfaß geboren, deutscher Drucker und Erfinder (Litfaßsäule). Litfaß († 27. Dezember 1874 in) war Druckereibesitzer und Verleger. Litfaß wurde als Erfinder der nach ihm benannten Litfaßsäule bekannt. Mit vielen Wohltätigkeitsveranstaltungen organisierte Litfaß Spenden für invalide Soldaten.

12. Februar: 1899: Im Deutsch-Spanischen Vertrag erwirbt das Deutsche Reich von Spanien die im Stillen Ozean gelegenen Inselgruppen Karolinen, Marianen und Palau gegen Zahlung von 17 Millionen Mark.

13. Februar: 1945: Am Faschingsdienstag beginnen dreitägige alliierte Luftangriffe auf Dresden. Bei dem Flächenbombardement und dem darauf folgenden Feuersturm kommen mindestens 25.000 Menschen ums Leben, Dresdens Innenstadt wird beinahe vollständig zerstört. Die Luftangriffe auf Dresden und den Großraum der Stadt im Zweiten Weltkrieg fanden erstmals im Herbst 1944 statt und fanden ihren Höhepunkt in vier Angriffswellen der Briten und Amerikaner vom 13. bis 15. Februar 1945. Diese forderten mindestens 25.000 Todesopfer, zerstörten große Teile der Innenstadt und Teile der industriellen und militärischen Infrastruktur Dresdens.

14. Februar: 1488: Zum Erhalt des Landfriedens wird auf Veranlassung Kaiser Friedrichs III. in Esslingen am Neckar zwischen allen Reichsständen in Schwaben der Schwäbische Bund abgeschlossen. Der schwäbische Bund bewährte sich als wesentliches

Instrument der Reichsreform und des damit verbundenen Landfriedens, was ihm seine verfassungsgeschichtliche Bedeutung verleiht. Seine über Fachkreise hinausgehende Bekanntheit verdankt er seiner Rolle in der Niederschlagung des Bauernaufstands. Für die Landesgeschichte ist auch der Konflikt mit Herzog Ulrich von Württemberg, der später die Reformation in seinem Lande einführte, hervorzuheben.

15. Februar: 1763: Preußen, Österreich und Sachsen schließen im sächsischen Schloss Hubertusburg den Frieden von Hubertusburg zur Beendigung des Siebenjährigen Krieges in Europa. Der Status quo vor dem Krieg wird wiederhergestellt und Preußen etabliert sich als europäische Großmacht. Am 15. Februar 1763 unterzeichneten Collenbach und Hertzberg im Schloss Hubertusburg den Friedensvertrag zwischen Preußen und Österreich. Einziger Streitpunkt war die Abtretung

der böhmischen Grafschaft Glatz. Österreich wollte unter allen Umständen die Festung behalten und bot Preußen sogar die Übernahme der schlesischen Schulden und den Verzicht der österreichischen Krone auf den Titel Herzog von Schlesien an. Doch Preußen zeigte sich unnachgiebig und die Grafschaft mit Festung und der gesamten militärischen Ausrüstung kam zurück an den preußischen Staat. Der Friedensvertrag wurde von Preußen am 21. Februar und von Österreich am 24. Februar 1763 ratifiziert. Die Ratifikation seitens des Königreichs Preußen erfolgte durch die Unterschrift Friedrichs II. im nahen Schloss Dahlen.

Ebenfalls am 15. Februar wurde am selben Ort ein Friedensvertrag zwischen Preußen und Sachsen geschlossen und vom preußischen Unterhändler Hertzberg und dem sächsischen Bevollmächtigten Fritsch unterzeichnet. Der Kriegszustand zwischen beiden Staaten war damit beendet.

16. Februar: 1525: 25 zu Memmingen gehörende Dörfer begehren wegen ihrer wirtschaftlichen, sozialen und religiösen Umstände auf und verlangen von der Reichsstadt und dem Schwäbischen Bund Verbesserungen. Ihre Forderungen bringen die Bauern kurz darauf in den Zwölf Artikeln vor. Sie werden während des Deutschen Bauernkriegs in Drucken weit verbreitet und zählen zu den ersten Erklärungen von Menschen- und Freiheitsrechten der Welt.

17. Februar: 1500: Die vernichtende Niederlage des Angriffsheeres in der Schlacht bei Hemmingstedt gegen ein zahlenmäßig weit unterlegenes Bauernheer unter Wulf Isebrand beendet den dänischen Eroberungszug gegen die Bauernrepublik Dithmarschen. In der Schlacht bei Hemmingstedt schlugen am 17. Februar 1500 die Dithmarscher Bauern die Truppen des dänischen Königs Johann I. und seines Bruders Herzog Friedrich von Holstein. Die Schlacht bewahrte die faktische

Unabhängigkeit der Bauernrepublik Dithmarschen für weitere 59 Jahre und ist heute der wichtigste historische Identifikationspunkt der Dithmarscher.

18. Februar: 1671: Matthias Kraus geboren, deutscher Metzger, Anführer des Krausaufstandes Bekannt in der Bayerischen Geschichte ist der Metzgermeister durch den so genannten Krausaufstand. Kelheim war ab 1704 unter österreichischer Besatzung. Der Unmut über die Bedrückung durch die Österreicher nahm stets zu, es kam zu Unruhen. Als die Kelheimer Jugend zum Waffendienst für Österreichs Fahnen aufgerufen wurde, flohen und versteckten sich viele. Auch die Plünderungen der Orte Kelheim und Riedenburg im Jahr 1704 durch österreichische Soldaten heizten die Stimmung weiter auf. Aus diesem Grunde plante Matthias Kraus mit Unterstützung seiner Familienangehörigen in Riedenburg bei Kelheim (diese waren dort Kaufleute und

Räte/Bürgermeister), den Aufstand im Bereich des Altmühltales und der Donau zu entfachen.

Am 15. November 1705 überfiel er in Kelheim die Besatzer. Der Angriff misslang, Matthias Kraus floh nach Braunau in das Hauptquartier der Landesverteidigung . Mit 200 Mann, dem Hauptmannspatent und einem Patent zur Verteidigung der „Donaulinie" kehrte er in der Nacht auf den 13. Dezember 1705 zurück, nahm zuerst die Ortschaft Langquaid, wo sich ihm weitere Aufständische anschlossen und verlangte dann von der Kelheimer Bürgerschaft Unterstützung. Wegen Verrats durch den Kelheimer Stadtschreiber, einen Österreicher, war seine Herrschaft jedoch nur von kurzer Dauer. Schon nach vier Tagen waren kaiserliche Truppen vor den Toren und forderten die Übergabe der Stadt. Matthias Kraus wollte sich verteidigen, entgegen dem Willen einer großen Anzahl der Bürger. So wurde durch Verhandlungen mit den Österreichern Matthias Kraus ein ehrenvoller Abzug gestattet und den

Bürgern Gnade gewährt. Doch beim Öffnen des Stadttores brachen die Österreicher den Vertrag, die kaiserlichen Truppen fielen über die Kelheimer Bürger her, plünderten und töteten mindestens 200 von ihnen.

Matthias Kraus wurde am 20. Dezember 1705 nach Gefangenschaft im Neuen Schloss in Ingolstadt zum Tode verurteilt, das Urteil wurde am 17. März 1706 durch Enthauptung und Vierteilung in Kelheim vollstreckt.

19. Februar: 1919: In München scheitert der von Matrosen initiierte Lotter-Putsch gegen den bayerischen Ministerpräsidenten Kurt Eisner. Der Obermaat Konrad Lotter, Mitglied des Landessoldatenrates und des provisorischen Nationalrats, versuchte mit 600 Matrosen die Festnahme und Entmachtung von Kurt Eisner. Am 19. Februar 1919 besetzten die Matrosen das Münchner Telegrafenamt und verhafteten den Polizeipräsidenten Josef

Staimer und den Stadtkommandanten Oskar Dürr. Der Versuch, das Landtagsgebäude zu besetzen, scheiterte an den Landtagswachen vor dem Landtagsgebäude in der Prannerstraße. Bei einem anschließenden Schusswechsel am Hauptbahnhof wurde eine Person tödlich verletzt, danach brach der Aufstand zusammen.

20. Februar: 1759: Johann Christian Reil geboren, deutscher Arzt (Stadtphysikus) und Professor in Halle und Berlin Johann Christian Reil 1759 in Rhaude, † 22. November 1813 in Halle (Saale)) war ein deutscher Mediziner und Wegbereiter der romantischen Medizin. Er war Anatom, Chirurg, Physiologe, Gynäkologe, Augenarzt, Badearzt und Reformer. Sein Nachruhm gründet sich vor aber allem auf seine Arbeiten im Bereich der Psychosomatik. Er gilt heute als Begründer der modernen Psychiatrie, wobei er 1808 auch erstmals den Begriff „Psychiatrie" verwendete.

21. Februar: 1388: Mit der Übersendung des Fehdebriefs durch Kurköln an Dortmund beginnt die Große Dortmunder Fehde. Neben dem Erzbischof von Köln und dem Grafen der Mark sagen in der Folge mehr als 40 weitere Territorialherren der Reichsstadt die Fehde an. In der Großen Dortmunder Fehde sah sich die Reichsstadt Dortmund in den Jahren 1388 und 1389 Angriffen und einer Belagerung durch Truppen des Kölner Erzbischofs, der Märkischen Grafen und 20 anderer Städte ausgesetzt. Der Kölner Erzbischof Friedrich III. von Saarwerden hatte sowohl 1346 von König Karl IV. als auch 1375 von dessen Nachfolger Wenzel Pfandrechte an Dortmund erhalten, konnte sie jedoch nicht wirksam werden lassen. Trotzdem war es aufgrund von internen Auseinandersetzungen nie zu einem Bündnis mit den märkischen Grafen gekommen. Als diese Streitigkeiten überwunden waren, versuchte man Dortmund zu unterwerfen. Am 21. Februar 1388

erreichte der Fehdebrief des Kölner Erzbischofs den Dortmunder Rat, am Tag darauf der des Grafen von der Mark. Der Erzbischof verlangte den Huldigungseid von den Bürgern. Dem Grafen von der Mark bot die strittige Hinrichtung der Agnes von der Vierbecke zehn Jahre zuvor einen Anlass zur Fehde. Damit begann die Große Fehde. Der Koalition gegen Dortmund schlossen sich zahlreiche Landesherren an, unter ihnen die Erzbischöfe und Kurfürsten von Mainz und Trier, die Bischöfe von Augsburg, Bamberg, Münster, Paderborn und Osnabrück, die Pfalzgrafen bei Rhein sowie die Herzöge und Grafen von Jülich-Berg-Ravensberg, Württemberg, Moers, Sponheim, Braunschweig-Lüneburg, Tecklenburg, Rietberg und Holstein-Pinneberg. Hinzu kamen einige kleinere westfälische Städte und rund 1.200 Angehörige des landsässigen Niederen Adels.

22. Februar: 1902: Die deutsche Gauß-Expedition unter der Leitung des

Polarforschers Erich von Drygalski entdeckt in der Antarktis einen unbekannten Festlandteil, der zu Ehren des Geldgebers Kaiser-Wilhelm-II.-Land genannt wird. Die Gauß-Expedition (1901–1903) war die erste deutsche Antarktisexpedition und wurde vom Polarforscher und Geologieprofessor Erich von Drygalski auf dem Großsegler Gauß unternommen. Das Ziel der Expedition war die Erforschung des unbekannten Gebietes südlich von den Kerguelen.

23. Februar: 1534: Bei den turnusmäßigen Wahlen zum Rat der Stadt Münster siegen die Täufer. Der neugewählte Bürgermeister Bernd Knipperdolling beginnt sofort gemeinsam mit den Stadträten Bernd und Heinrich Krechting sowie den Propheten Jan Matthys, Jan van Leiden und Bernd Rothmann mit dem Aufbau des Täuferreichs von Münster. Täufer sind Anhänger einer radikalreformatorisch-christlichen Bewegung, die im zweiten

Viertel des 16. Jahrhunderts in den deutsch- und niederländischsprachigen Teilen Europas entstand und die zum linken Flügel der Reformation gerechnet werden.

24. Februar: 1554: Im Naumburger Vertrag kommt es zu einem territorialen Ausgleich der ernestinischen und albertinischen Linien des Hauses Wettin in Sachsen und Thüringen. Der Naumburger Vertrag vom 24. Februar 1554 regelte die Aufteilung der Länder des Gesamthauses Wettin. Er wurde zwischen Kurfürst August von Sachsen auf albertinischer Seite und den sächsischen Herzögen Johann Friedrich II. dem Mittleren, Johann Wilhelm und Johann Friedrich III. dem Jüngeren auf ernestinischer Seite geschlossen.

25. Februar: 1558: Der Frankfurter Kurfürstentag tritt zusammen, um die Nachfolge für Kaiser Karl V. zu regeln, dessen Rücktritt 1556 hat eine

reichsrechtlich noch nie gewesene Situation geschaffen. Der Frankfurter Kurfürstentag von 1558 fand vom 25. Februar bis zum 20. März in Frankfurt am Main statt. Dort wurde der Übergang der Kaiserwürde vom zurückgetretenen Kaiser Karl V. auf Ferdinand I. reichsrechtlich bestätigt. Durch diesen ohne Beteiligung des Papstes zustande gekommenen Akt erhielt die Kaiserwahl ihre neuzeitliche Gestalt. Außerdem kam es zur Erneuerung des Kurvereins. Dort gaben sich die Mitglieder die bis zum Ende des Reiches gültigen Statuten.

26. Februar: 1631: Der Leipziger Konvent tritt zusammen. Auf Initiative des sächsischen Kurfürsten Johann Georg I. sollen die protestantischen Reichsstände Bedingungen zur Beendigung des Krieges im Reich debattieren. In der Konferenz wurde der bisherige Verlauf und die Möglichkeiten zur Beendigung des seit mehr als 10 Jahren laufenden Dreißigjährigen Krieges erörtert. Diese Konferenz nannte sich

Leipziger Konvent. Die protestantischen Reichsstände, die zwischen dem 28. März und 4. April 1631 die Erklärung des Leipziger Konvents unterzeichneten, werden als Leipziger Bund bezeichnet.

27. Februar: 1531: Als Reaktion auf die Ablehnung der Confessio Augustana auf dem Reichstag zu Augsburg 1530 durch Kaiser Karl V. schließen sich die protestantischen Reichsstände des Heiligen Römischen Reiches auf dem Konvent in Schmalkalden zum Schmalkaldischen Bund zusammen.

28. Februar: 1616: Die Rädelsführer des sogenannten Fettmilch-Aufstandes in Frankfurt am Main, Vincenz Fettmilch, Konrad Gerngroß, Konrad Schopp und Georg Ebel, werden auf dem Frankfurter Roßmarkt hingerichtet. Der Fettmilch-Aufstand des Jahres 1614 war eine von dem Lebkuchenbäcker Vinzenz Fettmilch angeführte Revolte in der Reichsstadt Frankfurt am Main. Der Aufstand der

Zünfte richtete sich ursprünglich gegen die Misswirtschaft des von Patriziern dominierten Rats der Stadt, artete aber in die Plünderung der Judengasse und die Vertreibung aller Frankfurter Juden aus. Er wurde schließlich mit Hilfe des Kaisers, der Landgrafschaft Hessen-Kassel und des Kurfürstentums Mainz niedergeschlagen.

29. Februar: 1784: Leo von Klenze geboren, deutscher Architekt, Maler und Schriftsteller des Klassizismus. Leo Klenze, ab 1822 von Klenze. Er gilt neben Karl Friedrich Schinkel als bedeutendster Architekt des Klassizismus.

MÄRZ

01. März: 1808: Das Königreich Bayern übernimmt durch einen Vertrag vom 28. Februar den Postdienst vom Haus Thurn und Taxis in eigene Verwaltung. Der Fürst

erhält eine jährliche Abfindung und darf den Titel Reichs-Ober-Postmeister behalten.

02. März: 1689: Die aus Heidelberg abziehenden Franzosen unter dem Befehl des Comte de Mélac stecken während des Pfälzischen Erbfolgekriegs Teile der Stadt und ihres Schlosses in Brand. Die Verwüstung geht auf einen Befehl des Kriegsministers Marquis de Louvois zurück. Der Pfälzische Erbfolgekrieg (1688–1697), war ein vom französischen König Ludwig XIV. provozierter Konflikt, um vom Heiligen Römischen Reich die Anerkennung seiner Erwerbungen im Rahmen seiner Reunionspolitik zu erreichen.

03. März: 1871: Im Deutschen Kaiserreich findet die Wahl zum 1. Deutschen Reichstag statt, zu der etwa 20 % der Bevölkerung wahlberechtigt sind. Die Nationalliberale Partei, die die

Politik Otto von Bismarcks unterstützt, wird stärkste Partei.

04. März: 1226: Die Stadt Hamm wird als neuer Siedlungsplatz der Bewohner der im Vorjahr als Sühnemaßnahme für die Ermordung des Kölner Erzbischofs Engelbert I. zerstörten Stadt Nienbrügge von Graf Adolf I. von der Mark gegründet. Am 7. November 1225 wurde Engelbert auf der Rückreise von Soest nach Köln über Schwelm, wo er die Kirche weihen wollte, in einem Hohlweg im heutigen Gevelsberg von einer Gruppe Bewaffneter unter Führung seines Verwandten Graf Friedrich von Isenberg überfallen und von dessen Ministerialen erschlagen.

05. März: 1917: Der Meteorit von Treysa wird in einem Waldstück bei Rommershausen gefunden. Der Meteorit von Treysa, auch Meteorit von Rommershausen, ist ein Meteorit, der in einem Waldstück in der Nähe des

heutigen Schwalmstädter Stadtteils Rommershausen in Nordhessen gefunden wurde. Benannt ist er nach dem größeren Schwalmstädter Stadtteil Treysa. Der Meteorit ging in die deutsche astronomische Geschichte ein als einer der bedeutendsten nachweisbar beobachteten Meteoriteneinschläge in der Neuzeit.

06. März: 1629: Auf dem Höhepunkt der kaiserlichen Macht im Dreißigjährigen Krieg versucht Ferdinand II. im Restitutionsedikt, die katholische Lesart des Augsburger Religionsfriedens durchzusetzen. Die protestantischen Reichsstände wehren sich erbittert dagegen und rufen Schwedens König Gustav II. Adolf um Hilfe an. Ein Ende des Krieges rückt damit in weite Ferne.

07. März: 1138: Der Staufer Konrad III. wird in einer Eilwahl unter Vorsitz des Trierer Erzbischofs Albero in St. Kastor zu Koblenz zum deutschen König gewählt.

Die Mehrheit der Reichsfürsten, die eigentlich den Welfen Heinrich den Stolzen unterstützt haben, verhalten sich der Wahl gegenüber passiv.

08. März: 1198: Da der Sohn des verstorbenen Kaisers Heinrich VI., Friedrich II., zu diesem Zeitpunkt erst drei Jahre alt ist, wird sein Onkel Philipp von Schwaben von der staufischen Partei zum römisch-deutschen König gewählt.

09. März: 1839: Das preußische Gesetz über die Beschäftigung jugendlicher Arbeiter in den Fabriken verbietet Kinderarbeit vor Vollendung des neunten Lebensjahres. Es gilt als das erste deutsche Gesetz zum Arbeitsschutz.

10. März: 1864: Kronprinz Ludwig Friedrich Wilhelm von Wittelsbach wird nach dem Tod seines Vaters Maximilian II. als König Ludwig II. von Bayern

proklamiert. Ludwig II. König von Bayern (* 25. August 1845 auf Schloss Nymphenburg - † 13. Juni 1886 im Starnberger See, aus dem Haus Wittelsbach stammend, war vom 10. März 1864 bis zu seinem Tod König von Bayern. Nach seiner Entmündigung am 9. Juni 1886 übernahm sein Onkel Luitpold als Prinzregent die Regierungsgeschäfte im Königreich Bayern, da Ludwigs jüngerer Bruder Otto wegen einer Geisteskrankheit regierungsunfähig war.

11. März: 1405: Der Rat der Stadt Frankfurt am Main kauft die Bürgerhäuser Haus zum Römer und Haus zum Goldenen Schwan und macht sie zum Rathaus der Stadt.

12. März: 1920: Am späten Abend und in der Nacht marschieren meuternde Reichswehr-Offiziere mit ihren Leuten nach Berlin. Der abgesetzte General Walther von Lüttwitz steuert die

Operation, die den Auftakt zum Kapp-Putsch bildet.

13. März: 1920: Wolfgang Kapp (Verwaltungsbeamter) erklärt die deutsche Reichsregierung unter Gustav Bauer für abgesetzt, die Nationalversammlung für aufgelöst und sich selbst nach der militärischen Besetzung des Berliner Regierungsviertels zum Reichskanzler. Vier Tage später bricht der Kapp-Putsch zusammen. Wolfgang Kapp führte am 13. März 1920 zusammen mit General Walther von Lüttwitz unter Einsatz der Marine-Brigade Ehrhardt mit Unterstützung von Erich Ludendorff den erfolglosen Kapp-Putsch gegen die Reichsregierung in der Hauptstadt Berlin an.

14. März: 1647: Auf Betreiben des bayerischen Kurfürsten Maximilian I. wird im Dreißigjährigen Krieg in Ulm der Ulmer Waffenstillstand zwischen Bayern,

Kurköln, Frankreich und Schweden geschlossen.

15. März: 1900: Etwa 150 deutsche Politiker, Künstler und Gelehrte unter der Führung des Schriftstellers Hermann Sudermann gründen den Goethe-Bund. Dieser richtet sich gegen die Lex Heinze, der die öffentliche Darstellung „unsittlicher" Handlungen in Kunstwerken, Literatur und Theateraufführungen zensiert. Die sogenannte Lex Heinze war ein umstrittenes Gesetz zur Änderung des Reichsstrafgesetzbuches, mit dem in Deutschland im Jahre 1900 die öffentliche Darstellung „unsittlicher" Handlungen in Kunstwerken, Literatur und Theateraufführungen zensiert sowie der Straftatbestand der Zuhälterei eingeführt wurde. Benannt war das Gesetz nach dem Berliner Zuhälter Gotthilf Heinze, der wegen einer 1887 begangenen „Körperverletzung mit Todesfolge" angeklagt und verurteilt wurde. Sein Name steht für

„Unsittlichkeit" im weitesten Sinn, wie sie in diesem Prozess zur Sprache kam.

16. März: 1886: Kaiser Wilhelm I. sanktioniert den Bau des Kaiser-Wilhelm-Kanals als Verbindung zwischen Nordsee und Ostsee.

17. März: 1793: Im Deutschhaus Mainz tritt der am 24. Februar gewählte Rheinisch-Deutsche Nationalkonvent der Mainzer Republik zusammen. Es ist das erste nach demokratischen Prinzipien gewählte Parlament auf deutschem Boden. Die Mainzer Republik war das erste auf bürgerlich-demokratischen Grundsätzen beruhende Staatswesen auf deutschem Boden. Der kurzlebige Freistaat existierte von März bis Juli 1793 auf dem linksrheinischen Gebiet von Kurmainz. Hauptort der Mainzer Republik war das französisch besetzte Mainz, das ihr auch den Namen gab.

18. März: 1848: Auf einer Versammlung in Rendsburg erheben Abgeordnete der vereinigten Ständeversammlung von Schleswig und Holstein die Forderung nach einer eigenen Verfassung für beide Herzogtümer, die Einführung von Presse- und Versammlungsfreiheit, die allgemeine Volksbewaffnung und die Aufnahme des Herzogtums Schleswig in den Deutschen Bund.

19. März: 1911: Von Frauenrechtlerinnen initiiert, wird in Deutschland, Dänemark, Österreich-Ungarn und der Schweiz erstmals ein Internationaler Frauentag begangen.

20. März: 1890: Otto von Bismarck wird seinem Antrag gemäß als deutscher Reichskanzler entlassen, nachdem es zu Kompetenzstreitigkeiten zwischen ihm und Kaiser Wilhelm II. gekommen ist. Neuer Reichskanzler wird Leo von Caprivi.

21. März: 1871: Otto von Bismarck wird von Kaiser Wilhelm I. zum ersten Reichskanzler des neu gegründeten Deutschen Kaiserreichs ernannt und in den Fürstenstand erhoben. Als erstes Mitglied nimmt er Hermann von Thile, Staatssekretär für Auswärtiges, in sein Kabinett auf.

22. März: 1540: Nach über sechs Jahren Fehde gegen das Kurfürstentum Sachsen wegen eines gerichtlichen Fehlurteils wird der ehemalige Kaufmann Hans Kohlhase in Berlin zum Tode verurteilt und am gleichen Tag durch Rädern hingerichtet. Hans Kohlhase (* um 1500 ; † 22. März 1540 hingerichtet) in Berlin war Bürger und Kaufmann in Cölln an der Spree (heute ein Teil Berlins). 1532 wurde er seiner Darstellung nach von einem örtlichen Machthaber im Kurfürstentum Sachsen unrechtmäßig schikaniert und finanziell geschädigt. Nach dem Scheitern des

Rechtsweges führte er im Streben nach Wiedergutmachung von 1534 bis 1540 eine Fehde gegen Sachsen. Der Konflikt beschäftigte unter anderem die Kurfürsten von Sachsen und Brandenburg und den Reformator Martin Luther. Schließlich wurde Kohlhase dafür hingerichtet.

23. März: 1819: Der Burschenschafter Karl Ludwig Sand tötet in Mannheim den Autor und russischen Generalkonsul August von Kotzebue, weil er ihn als Feind der Einheit Deutschlands ansieht. Das dient Monate später als Anlass für die Karlsbader Beschlüsse zur Bekämpfung liberaler und nationaler Ideen in Deutschland.

24. März: 1933: Mit seiner Verkündung tritt das am Vortag beschlossene Gesetz zur Behebung der Not von Volk und Reich, das sogenannte Ermächtigungsgesetz, in Kraft. Damit können von der Reichsregierung

beschlossene Reichsgesetze von der Reichsverfassung abweichen, womit diese im Zuge der nationalsozialistischen Machtergreifung außer Kraft gesetzt wird.

25. März: 1852: Nach einer Auseinandersetzung im preußischen Landtag kommt es zwischen dem liberalen Georg von Vincke und dem konservativen Otto von Bismarck zu einem Pistolenduell, bei dem beide Kontrahenten jedoch unverletzt bleiben.

26. März: 1226: In der Goldbulle von Rimini bestätigt der deutsche Kaiser Friedrich II. dem Deutschen Orden die Herrschaft über das Kulmerland östlich der unteren Weichsel.

27. März: 1884: Der Dreikaiserbund, ein am 18. Juni 1881 abgeschlossenes geheimes Neutralitätsabkommen

zwischen dem Deutschen Reich, Österreich-Ungarn und Russland, wird ungeachtet der Spannungen zwischen Wien und St. Petersburg verlängert.

28. März: 1884: In Berlin wird unter Federführung von Carl Peters die Gesellschaft für deutsche Kolonisation mit dem Ziel gegründet, in Ostafrika deutsche Ackerbau- und Handelskolonien zu gründen.

29. März: 1909: Der deutsche Reichskanzler Bernhard von Bülow verliest vor dem Reichstag eine Rede, in der sich das Deutsche Reich demonstrativ hinter Österreich-Ungarn und dessen Annexion von Bosnien und Herzegowina stellt. Die Bosnische Annexionskrise wird damit außenpolitisch beigelegt, jedoch verärgert die Rede, in der der Begriff „Nibelungentreue" zum ersten Mal gebraucht wird, Großbritannien und

Russland, die die Annexion nicht anerkennen wollten.

30. März: 1814: Die Streitkräfte der sechsten Koalition unter Karl Philipp zu Schwarzenberg und Gebhard Leberecht von Blücher erstürmen in der Schlacht bei Paris die Höhen des Montmartre. Am Nachmittag kapitulieren die französischen Verteidiger unter Auguste Frédéric Louis Viesse de Marmont. Damit können die Verbündeten im Krieg gegen Napoléon in die Hauptstadt einmarschieren.

31. März: 1940: Kapitän zur See Bernhard Rogge bricht mit dem Hilfskreuzer Atlantis zur Kaperfahrt auf. Die Reise wird rund um die Welt führen und mit über 600 Tagen der längste Kriegseinsatz eines deutschen Kriegsschiffes.

APRIL

01. April: 1809: Der „Schwarze Herzog" Friedrich Wilhelm von Braunschweig-Wolfenbüttel stellt die Schwarze Schar auf, ein deutsches Freikorps, das in den Befreiungskriegen bis 1815 gegen die Truppen Napoleon Bonapartes kämpft.

02. April: 1928: Der Berliner Droschkenkutscher Gustav Hartmann (Der Eiserne Gustav) beginnt aus Protest gegen den Niedergang seines Gewerbes seine aufsehenerregende Fahrt nach Paris. Gustav Hartmann startete am 2. April 1928 mit seiner Droschke und dem Wallach Grasmus, begleitet von dem Zeitungsreporter Hans Hermann Theobald, zu einer Reise nach Paris, wo er am 4. Juni 1928 ankam. Diese Fahrt sollte eine Aktion gegen den Niedergang

des Droschkengewerbes und die steigende Zahl von Autos darstellen. Die Fahrtstrecke betrug über 1000 Kilometer.

03. April: 1833: 50 Aufständische unter Gustav Bunsen, Gustav Körner und Theodor Engelmann versuchen in Frankfurt am Main die Hauptwache und die Konstablerwache zu erstürmen, um dort inhaftierte Journalisten zu befreien. Mit der Niederschlagung des Frankfurter Wachensturmes scheitert vorerst der Versuch einer gesamtdeutschen revolutionären Erhebung.

04. April: 1251: Mechthild von Baden heiratet Ulrich I., Graf von Württemberg. Die Hochzeit ist für die territoriale Entwicklung Württembergs und Badens von großer Bedeutung. Unter anderem kommt die spätere Hauptstadt Stuttgart zu Württemberg.

05. April: 1355: Karl IV. wird in Rom zum römisch-deutschen Kaiser gekrönt. Gleichzeitig erfolgt auch die Krönung seiner Frau Anna von Schweidnitz zur Kaiserin des Heiligen Römischen Reiches Deutscher Nation.

06. April: 1767: Markgraf Karl Friedrich von Baden schafft die Voraussetzungen für die deutsche Schmuck- und Uhrenindustrie. Er erteilt dem Franzosen Jean Francois Autran die Erlaubnis zur Eröffnung einer Taschenuhrenfabrik im Waisenhaus in Pforzheim. Die Erweiterung zu einer Schmuck- und Stahlwarenfabrik erfolgt noch im gleichen Jahr. Die Goldstadt bildet bis heute das Zentrum der deutschen Schmuckindustrie.

07. April: 1917: Kaiser Wilhelm II. kündigt in der von Theobald von Bethmann Hollweg verfassten Osterbotschaft auf Druck der Obersten

Heeresleitung Reformen der Verfassung und des Wahlrechts an.

08. April: 1874: Im Deutschen Reich wird mit dem Reichsimpfgesetz die Impfung gegen Pocken für Kinder verpflichtend eingeführt.

09. April: 1809: Die Zwangsaushebung von Rekruten für die bayerische Armee im seit dem Dritten Koalitionskrieg unter bayerischer Herrschaft befindlichen Tirol löst von Innsbruck ausgehend einen Aufstand aus, dessen Führung Andreas Hofer, Josef Speckbacher und Joachim Haspinger übernehmen.

10. April: 1823: In München wird die Königliche Baugewerksschule gegründet. Sie ist die erste Lehranstalt für Handwerker im Bauwesen im deutschen Sprachraum.

11. April: 1499: Die Schlacht im Schwaderloh im Thurgau geht als erste große Schlacht des Schwabenkriegs mit einem Sieg der Eidgenossen über die Truppen des Schwäbischen Bundes aus. Der Schwabenkrieg war ein von Januar bis September 1499 dauernder kriegerischer Konflikt zwischen einerseits der Schweizerischen Eidgenossenschaft und andererseits dem Haus Habsburg und seinem maßgeblichen Verbündeten, dem Schwäbischen Bund, um die Vorherrschaft im habsburgisch-eidgenössischen Grenzgebiet. Wenngleich die Eidgenossen den Krieg militärisch gewannen, konnten sie dadurch keinen Gebietszuwachs verzeichnen.

12. April: 1817: Durch den Zusammenschluss der Universität Halle und der Universität Wittenberg entsteht in Halle an der Saale die Vereinigte Friedrichs-Universität Halle-Wittenberg. Die Übersiedlung der Universität Wittenberg war notwendig geworden,

weil die sächsischen Gebiete um Wittenberg auf dem Wiener Kongress Preußen zugeschlagen worden waren.

13. April: 1759: In der Schlacht bei Bergen nahe Frankfurt am Main versuchen preußische Truppen im Siebenjährigen Krieg dreimal vergebens, von Victor-François de Broglie befehligte französische Stellungen zu erobern. Herzog Ferdinand von Braunschweig bricht den Angriff schließlich ab.

14. April: 1312: Friedrich I. , Markgraf von Meißen, unterzeichnet nach seiner Gefangennahme durch Waldemar von Brandenburg den Vertrag von Tangermünde. Er verpflichtet sich zur Zahlung von 32.000 Mark Silber und zur Abtretung der Mark Lausitz, des „Landes zwischen Elbe und Elster" und der Städte Hayn und Torgau an den Brandenburger Markgrafen. Zudem verpfändet er die Städte Leipzig, Oschatz, Grimma und Geithain.

15. April: 1632: In der Schlacht bei Rain am Lech besiegen die Schweden unter König Gustav II. Adolf während des Dreißigjährigen Krieges die Truppen der Katholischen Liga. Deren Feldherr Johann T'Serclaes von Tilly stirbt 15 Tage später an einer erlittenen Schussverletzung im Oberschenkel.

16. April: 1871: Die Bismarcksche Reichsverfassung wird als Gesetz verabschiedet und zur Rechtsgrundlage für das deutsche Kaiserreich. Sie besteht aus der Zusammenfassung vieler Einzelverträge wie der Novemberverträge inklusive der Schlussprotokolle sowie der Verfassungsänderung bezüglich der Bezeichnungen Deutsches Reich und Deutscher Kaiser.

17. April: 1525: Der Heerführer des Schwäbischen Bundes, Georg von

Waldburg-Zeil schließt während des Deutschen Bauernkrieges mit einem Teil der aufständischen Bauern den Vertrag von Weingarten. Der Vertrag bringt nur punktuelle Verbesserungen für die Bauern, verschafft dem Bund aber die benötigte Atempause, um den Aufstand endgültig niederschlagen zu können.

18. April: 1417: Friedrich VI., bislang Burggraf von Nürnberg, erhält das Kurfürstentum Brandenburg als erbliches Lehen und wird als Markgraf Friedrich I. und Kurfürst des Heiligen Römischen Reichs, Begründer der brandenburgischen Linie der Hohenzollern.

19. April: 1529: Auf dem Reichstag zu Speyer treten sechs Fürsten und 14 Reichsstädte als Vertreter der protestantischen Minderheit gegen die Verhängung der Reichsacht gegen Martin Luther sowie der Ächtung seiner

Schriften und Lehre auf, was als Protestation zu Speyer bezeichnet wird.

20. April: 1664: Die Schlüsseltonne wird von den Elterleuten der Kaufmannschaft, die mit dem Bremer Tonnen- und Bakenwesen beauftragt sind, als Ersatz für eine bereits 1642 erwähnte Tonne als äußerstes Seezeichen der Fahrwassermarkierung der Weser nördlich von Wangerooge auf 11 Faden Tiefe ausgelegt. Sie dient der Ansteuerung der Weser.

21. April: 1873: Bei der gewaltsamen Niederschlagung des durch eine Bierpreiserhöhung ausgelösten Frankfurter Bierkrawalls in Frankfurt am Main sterben 20 Menschen, 300 werden festgenommen.

22. April: 1401: Einer Flotte der Hanse unter dem Kommando des Hamburgers

Simon von Utrecht gelingt es, die Vitalienbrüder zu stellen und in einer Seeschlacht vor Helgoland zu besiegen. Klaus Störtebeker, der Anführer der Seeräuber, wird als Gefangener auf das Flaggschiff Bunte Kuh verbracht.

23. April: 1633: Schweden schließt im Dreißigjährigen Krieg in Heilbronn mit einigen protestantischen Reichsständen den Heilbronner Bund als Gegengewicht zur Katholischen Liga.

24. April: 1547: Das Heer des Kurfürsten Johann Friedrich von Sachsen wird in der Schlacht bei Mühlberg von den Truppen Kaiser Karls V. und des Herzog von Alba überrascht und vernichtend geschlagen. Der Kurfürst gerät in Gefangenschaft, der Schmalkaldische Krieg ist für ihn verloren.

25. April: 1459: Kurfürst Friedrich II. und Herzog Wilhelm III. von Sachsen vereinbaren in Eger mit dem böhmischen König Georg von Podiebrad den Vertrag von Eger, mit dem die Grenze zwischen Sachsen und Böhmen festgelegt wird. Diese Grenze ist zum Großteil noch heute gültig und gehört damit zu den ältesten bestehenden Grenzen Europas.

26. April: 1939: Mit einem Flugzeug, der von Robert Lusser konstruierten Messerschmitt Me 209, stellt Fritz Wendel über einer Messstrecke zwischen Augsburg und Buchloe einen neuen Geschwindigkeits-Weltrekord (755,138 km/h) auf, der bis 1969 halten wird.

27. April: 1898: Die am 6. März von China gepachtete Bucht Kiautschou wird offiziell unter deutschen „Schutz" gestellt. Aufgrund seiner Hauptfunktion als Flottenstützpunkt für die kaiserliche Marine wird das Schutzgebiet nicht vom

Reichskolonialamt, sondern vom Reichsmarineamt verwaltet.

28. April: 1849: In einem Schreiben, das durch Ludolf Camphausen überbracht wird, wiederholt der preußische König Friedrich Wilhelm IV. seine Ablehnung der in der Kaiserdeputation durch die Frankfurter Nationalversammlung angebotene deutschen Kaiserkrone und begründet diese ausführlich. Damit ist das Ziel der Märzrevolution, ein geeintes Deutschland und eine gesamtdeutsche Verfassung, politisch endgültig gescheitert.

29. April: 1882: Werner von Siemens führt auf einer 540 Meter langen Versuchsstrecke in Halensee bei Berlin einen elektrisch angetriebenen Kutschenwagen vor. Bei dem so genannten Elektromote handelt es sich um den ersten Oberleitungsbus der Welt.

30. April: 1887: Reichskanzler Otto von Bismarck verfügt, dass der Zollbeamte Wilhelm Schnäbele freigelassen wird. Der Franzose war bei einer Dienstbesprechung auf deutschem Boden wegen angeblicher Spionage verhaftet worden. Die bei der Schnäbele-Affäre entstandene diplomatische Krise wird damit beigelegt.

MAI

01. Mai: 704: Arnstadt, Mühlberg und Großmonra werden in einer Schenkungsurkunde des Thüringer Herzog Hedan II. an den angelsächsischen Bischof Willibrord von Utrecht erstmals erwähnt. Arnstadt gilt damit als älteste deutsche Stadt außerhalb der römischen Siedlungsgebiete.

02. Mai: 1813: Bei Großgörschen kommt es zur ersten Schlacht der Freiheitskriege zwischen den alliierten preußischen und russischen Armeen gegen die französischen Truppen und Rheinbundtruppen. Napoleon Bonaparte besiegt die Generäle Gebhard Leberecht von Blücher und Ludwig Adolph Peter Graf Wittgenstein.

03. Mai: 1849: Der auf den Sturz von König Friedrich August II. von Sachsen und die Errichtung einer Republik abzielende Dresdner Maiaufstand beginnt. Der am 4. Mai eintreffende russische Anarchist Michail Bakunin setzt sich an die Spitze der Revolutionäre, zu denen auch Gottfried Semper und Richard Wagner zählen. Der Aufstand dauert bis zum 9. Mai.

04. Mai: 1521: Martin Luther wird auf der Heimreise vom Reichstag zu Worms in der Nähe von Schloss Altenstein zum Schein gefangen genommen und zur

Wartburg unter den Schutz des sächsischen Kurfürsten Friedrich des Weisen gebracht.

05. Mai: 1762: Preußen und Russland schließen noch während des Siebenjährigen Krieges den Frieden von Sankt Petersburg. Der Friedensschluss ist möglich geworden, nachdem Zar Peter III., ein großer Bewunderer Friedrichs des Großen, seiner Tante Elisabeth auf den russischen Thron gefolgt ist.

06. Mai: 1754: Dorothea Christiane Erxleben, die ihr Studium auf Grund einer Sondergenehmigung von Friedrich dem Großen absolviert hat, besteht ihre Doktorprüfung an der Universität Halle mit großem Erfolg und wird damit zur ersten promovierten Ärztin in Deutschland.

07. Mai: 1866: Der Tübinger Student Ferdinand Cohen-Blind verübt auf der Straße Unter den Linden in Berlin ein Attentat auf Otto von Bismarck, um den drohenden Bruderkrieg gegen Österreich abzuwenden. Bismarck wird kaum verletzt und entwaffnet den Attentäter anschließend selbst. Dieser begeht in der Nacht im Polizeigewahrsam Selbstmord.

08. Mai: 1629: In Lübeck wird eine Sklavenkasse eingerichtet, die Seeleute aus den Fängen nordafrikanischer Piraten freikaufen soll. Die Kasse hat Bestand bis ins 19. Jahrhundert.

09. Mai: 1876: Der deutsche Erfinder Nicolaus Otto nimmt versuchsweise seinen ersten Viertaktmotor, den Ottomotor, in Betrieb.

10. Mai: 1833: Auf Anregung von Preußen gründen die Kleinstaaten

Sachsen-Weimar-Eisenach, Sachsen-Meiningen, Sachsen-Altenburg, Sachsen-Coburg-Gotha, Schwarzburg-Rudolstadt, Schwarzburg-Sondershausen, Reuß-Greiz, Reuß-Schleiz und Reuß-Ebersdorf den Zoll- und Handelsverein der Thüringischen Staaten, der am nächsten Tag geschlossen dem im März gegründeten Deutschen Zollverein beitritt. Wirksam werden beide Zollverbünde mit dem 1. Januar 1834.

11. Mai: 1936: Die Reichsbahn stellt mit einer Lok der DR-Baureihe 05 einen Geschwindigkeitsweltrekord für Dampflokomotiven auf. Die Lok erreicht auf ebener Strecke zwischen Hamburg und Berlin bei Friesack eine Geschwindigkeit von 200,4 km/h.

12. Mai: 1941: Der Berliner Erfinder Konrad Zuse stellt die von ihm in Zusammenarbeit mit Helmut Schreyer gebaute Rechenmaschine Z3 vor – den

ersten voll funktionsfähigen programmgesteuerten Rechner.

13. Mai: 1779: Im Frieden von Teschen auf Initiative Russlands wird zwischen Preußen und Österreich der Bayerische Erbfolgekrieg beigelegt. Österreich erhält das Innviertel, erkennt aber im Gegenzug die Ansprüche Preußens auf die beiden hohenzollernschen Markgraftümer Brandenburg-Ansbach und Brandenburg-Bayreuth an.

14. Mai: 1389: Die freie Reichsstadt Frankfurt am Main erleidet in der Schlacht bei Eschborn während der Kronberger Fehde im Städtekrieg die schwerste Niederlage ihrer Geschichte gegen Ruprecht II. von der Pfalz, Ulrich V. von Hanau sowie die Ritter von Kronberg. Die Kronberger Fehde führte die Freie Reichsstadt Frankfurt am Main im Städtekrieg des zweiten Rheinischen Städtebunds im Jahr 1389 gegen eine Reihe von Adligen des Umlandes,

darunter Ruprecht II. von der Pfalz, der junge Ulrich V. von Hanau und eine große Zahl niederer Adliger, wie die Ritter von Kronberg.

15. Mai: 1625: Der bayerische Statthalter im Land ob der Enns, Adam von Herberstorff, lässt bei Frankenburg 36 mutmaßliche Rädelsführer eines vor ein paar Tagen ausgebrochenen Aufstandes in Paaren um ihr Leben würfeln und die Unterlegenen sofort hinrichten. Das „Frankenburger Würfelspiel" ist der Auftakt zum Oberösterreichischen Bauernkrieg im folgenden Jahr.

16. Mai: 1913: Bei Ausschachtungsarbeiten auf dem Gelände eines Messingwerkes in Finow, einem Stadtteil von Eberswalde, wird der Eberswalder Goldschatz entdeckt. Er gilt als bedeutendster mitteleuropäischer Bronzezeit-Fund und ist der größte

vorgeschichtliche Goldfund aus Deutschland.

17. Mai: 1648: Die Schlacht bei Zusmarshausen in Bayern ist das letzte größere Gefecht im Dreißigjährigen Krieg unter Beteiligung ausländischer Armeen auf deutschem Boden. Die Armeen Frankreichs und Schwedens besiegen das vereinigte kaiserliche und bayerische Heer.

18. Mai: 1848: Die Frankfurter Nationalversammlung tritt als Ergebnis der Märzrevolution erstmals in der Paulskirche in Frankfurt am Main zusammen; somit existiert zum ersten Mal ein demokratisch gewähltes Parlament für Deutschland.

19. Mai: 1547: Die Wittenberger Kapitulation beendet den Schmalkaldischen Krieg. Der in der

Schlacht bei Mühlberg am 24. April unterlegene sächsische Kurfürst Johann Friedrich I. verzichtet zur Aufhebung seines Todesurteils gegenüber Kaiser Karl V. auf Landbesitz und Kurwürde zugunsten der Albertiner der Wettinischen Dynastie, die Moritz von Sachsen repräsentiert.

20. Mai: 1631: Kaiserliche Truppen unter dem Feldherrn Johann T'Serclaes von Tilly und Gottfried Heinrich zu Pappenheim erobern nach mehrmonatiger Belagerung im Dreißigjährigen Krieg das protestantische Magdeburg und begehen schwere Kriegsgräuel. In der so genannten „Magdeburger Hochzeit" kommen rund 20.000 Menschen ums Leben.

21. Mai: 1726: Die Ermordung des protestantischen Predigers Hermann Joachim Hahn durch den Katholiken Franz Laubler in der sächsischen Residenzstadt Dresden führt in den

nächsten Tagen zu einem gegen die Katholiken der Stadt gerichteten Bürgeraufstand.

22. Mai: 1629: Die Unterzeichnung des Lübecker Friedens durch den dänischen König Christian IV. bewirkt im Dreißigjährigen Krieg das Ausscheiden Dänemarks als Kriegspartei.

23. Mai: 1802: In einem Abkommen erkennt Frankreich die preußischen Ansprüche in Nordwestdeutschland, u. a. auf die Gebiete der Fürstbistümer Hildesheim, Münster und Paderborn, als Ausgleich für die abgetretenen linksrheinischen Gebiete an.

24. Mai: 1889: Der Deutsche Reichstag beschließt das Gesetz zur Alters- und Invaliditätsversicherung, die Basis für die heutige Gesetzliche Rentenversicherung. Reichskanzler Otto von Bismarck

versucht damit, die durch die Industrialisierung entstandene Not in der Arbeiterschaft zu lindern.

25. Mai: 1877: Im deutschen Kaiserreich verabschiedet der Reichstag das im Auftrag des kürzlich gegründeten Patentschutzvereins von Wilhelm André erarbeitete Patentgesetz, das eine Rechtsvereinheitlichung der bisher von den Ländern erteilten Patente bringt.

26. Mai: 1906: Der deutsche Ingenieur August von Parseval unternimmt in Berlin-Tegel die erste erfolgreiche Fahrt mit seinem Luftschiff. Pilot des Parseval-Luftschiffes ist Hauptmann von Krogh.

27. Mai: 1234: Im Stedingerkrieg kommt es zur Schlacht bei Altenesch zwischen dem Bremer Erzbischof Gerhard II. und aufsässigen Friesenfamilien. Grund war ein Aufstand

der Stedinger, die gegen Steuerabgaben protestierten, die sie leisten sollten, obwohl sie auf Grund der Urbarmachung der Wesermarsch eigentlich von allen Abgaben befreit sein sollten.

28. Mai: 1883: In Oranienburg gründen 18 Berliner Vegetarier mit der Vegetarischen Obstbau-Kolonie Eden e.G.m.b.H die erste vegetarische Siedlung in Deutschland.

29. Mai: 1940: Beim Begräbnis des während des Westfeldzuges gefallenen Wilhelm Prinz von Preußen kommt es in Potsdam mit etwa 50.000 Teilnehmern zur größten spontanen und unorganisierten Demonstration während des Dritten Reiches.

30. Mai: 1635: Der Prager Frieden beendet im Dreißigjährigen Krieg den Kampf zwischen Kaiser Ferdinand II. und

den Reichsständen mit Ausnahme Bernhards von Sachsen-Weimar und des Landgrafen Wilhelm V. von Hessen-Kassel. Im Reich zieht dennoch kein Friede ein, weil Frankreich und Schweden den Kaiser machtpolitisch weiter bekämpfen.

31. Mai: 1945: Im Brünner Todesmarsch werden 27.000 Deutsche aus Brünn vertrieben und zu einem Fußmarsch zur etwa 55 km entfernten österreichischen Grenze gezwungen; dabei kommen rund 5.200 von ihnen ums Leben.

JUNI

01. Juni: 1932: Franz von Papen wird auf Betreiben seines alten Freundes Kurt

von Schleicher durch Reichspräsidenten Paul von Hindenburg als Nachfolger von Heinrich Brüning zum Reichskanzler des Deutschen Reichs ernannt.

02. Juni: 1878: Der deutsche Kaiser Wilhelm I. wird bei einem Attentat durch einen Schrotschuss von Karl Eduard Nobiling schwer verwundet. Nobiling versuchte am 2. Juni 1878 Wilhelm I. zu erschießen. Aus dem Haus Unter den Linden 18 gab er auf den im offenen Wagen vorbeifahrenden Kaiser zwei Schüsse aus einer mit grobem Schrot geladenen doppelläufigen Flinte ab und verletzte Wilhelm dabei mit über 30 Schrotkörnern schwer, aber nicht tödlich.

03. Juni: 1740: Preußens Herrscher Friedrich der Große verbietet die Folter als Mittel des Strafverfahrens, ausgenommen bei Hochverrat, Landesverrat und Mordtaten mit vielen Opfern.

04. Juni: 1849: Im Schleswig-Holsteinischen Krieg liefern sich deutsche und dänische Schiffe das Seegefecht bei Helgoland, das einzige der deutschen Reichsflotte. Das Seegefecht bei Helgoland war eine Kampfhandlung des Schleswig-Holsteinischen Krieges, die am 4. Juni 1849 in der Deutschen Bucht zwischen drei Schiffen der Reichsflotte und einer dänischen Segelkorvette und später auch einem Raddampfer ausgetragen wurde.

05. Juni: 1288: Die Schlacht von Worringen beendet den Limburger Erbfolgestreit und führt zur Schwächung des Erzbischofs von Köln und zum Aufstieg der Städte Köln und Düsseldorf. Die Schlacht von Worringen war 1288 das kriegerische Finale im zuvor bereits sechs Jahre währenden Limburger Erbfolgestreit. Hauptkontrahenten des Konflikts waren Siegfried von Westerburg, Erzbischof von Köln, und

Herzog Johann I. von Brabant. Der Ausgang der Schlacht veränderte das Machtgefüge im gesamten Nordwesten Mitteleuropas.

6. Juni: 1907: Die Firma Henkel bietet mittels Anzeige in der Düsseldorfer Zeitung den Haushalten erstmals das Waschmittel Persil zum Kauf an. Der Markenname kann allerdings erst rund zehn Jahre später eingetragen werden. Das Produkt wird von Anfang an nur im Originalkarton und nicht als lose Ware verkauft.

07. Juni: 1911: Deutschen Funkern in der Kolonie Togoland glückt eine drahtlose Verbindung mit der Großfunkstelle Nauen bei Berlin (über 5000 Kilometer). Die Versuche führen zum Bau der Funkstation Kamina.

08. Juni: 1815: Mit Unterzeichnung der Deutschen Bundesakte auf dem Wiener Kongress wird der Deutsche Bund gegründet. Die Deutsche Bundesakte war ein völkerrechtlicher Vertrag und das erste Bundes-„Verfassungsgesetz" über die Gründung des Deutschen Bundes. Sie wurde am 8. Juni 1815 während des Wiener Kongresses verabschiedet und schließlich am 10. Juni 1815 von den Bevollmächtigten von 39 Staaten unterzeichnet. Gemäß der Präambel der Bundesakte beschlossen „die souverainen Fürsten und freien Städte Deutschlands, von den Vorteilen überzeugt, welche aus ihrer festen und dauerhaften Verbindung für die Sicherheit und Unabhängigkeit Deutschlands, und die Ruhe und das Gleichgewicht Europas hervorgehen würden, sich zu einem beständigen Bunde zu vereinigen". Mit der Auflösung des Deutschen Bundes 1866 ist die Deutsche Bundesakte außer Kraft getreten.

09. Juni: 1884: Der deutsche Kaiser Wilhelm I. legt den Grundstein für das Berliner Reichstagsgebäude, das nach den Plänen des Architekten Paul Wallot errichtet wird.

10. Juni: 1930: In Oberstdorf wird die Nebelhornbahn als weltweit längste Personenseilschwebebahn eröffnet. Die Nebelhornbahn ist eine in drei Sektionen ausgeführte Luftseilbahn auf das Nebelhorn, einem Berggipfel in den Allgäuer Alpen. Auf gut 5,7 Kilometern Länge überwindet sie eine Höhendifferenz von etwa 1400 Metern. Sie wurde zwischen 1928 und 1930.

11. Juni: 1928: Fritz Stamer führt den ersten bemannten Raketenflug durch. Das mit Feststoffraketen ausgerüstete Segelflugzeug vom Typ Lippisch-Ente wird noch mit einem Gummiseil gestartet.

12. Juni: 1886: Vier Tage nach der Vorlegung eines Gutachtens über den Geisteszustand von Ludwig II. durch eine Ärztekommission wird dieser im Schloss Neuschwanstein festgesetzt und nach Schloss Berg gebracht. Tags darauf wird der bayerische König tot im Starnberger See aufgefunden.

13. Juni: 1794: Friedrich Schiller fordert Johann Wolfgang von Goethe zur Mitarbeit an der Zeitschrift Die Horen auf und erhält eine Zusage. Damit beginnt ihre nähere Verbindung und bis zum Tode Schillers währende Freundschaft und die Zeit der Weimarer Klassik.

14. Juni: 1158: Im Augsburger Schied gibt Kaiser Friedrich I. Barbarossa dem Welfenherzog Heinrich dem Löwen das Recht, die errichtete Brücke über die Isar zu betreiben. Er muss allerdings Bischof Otto von Freising ein Drittel der Einnahmen für dessen abgerissene

Brücke abgeben. Am Flussübergang entwickelt sich im Laufe der Zeit die Stadt München.

15. Juni: 1866: Preußen stellt den Königreichen Hannover und Sachsen sowie Kurhessen ein Ultimatum, nachdem diese einer Bundesexekution im Deutschen Bund gegen Preußen zugestimmt haben. Die Ablehnung dieser Forderung führt am selben bzw. am folgenden Tag zur Kriegserklärung und dem Einmarsch preußischer Truppen.

16. Juni: 1900: In Lübeck wird in Anwesenheit Kaiser Wilhelms II. der Elbe-Trave-Kanal (heute Elbe-Lübeck-Kanal) eingeweiht. Er stellt eine Verbindung zwischen Elbe und Ostsee her.

17. Juni: 1813: Das Lützowsche Freikorps des preußischen Majors

Ludwig Adolf Wilhelm Freiherr von Lützow wird bei Leipzig von den Truppen Napoleons I. fast vollständig vernichtet. Das Lützowsche Freikorps war ein Freiwilligenverband der preußischen Armee in den Befreiungskriegen. Es wurde von Major Ludwig Adolf Wilhelm von Lützow 1813 errichtet und 1814 als Infanterie-Regiment Nr. 25 bzw. Ulanen-Regiment Nr. 6 in die preußischen Linientruppen übernommen. Obwohl das Freikorps im Krieg gegen Napoleon eher glücklos war, entwickelte es aufgrund seiner Zusammensetzung aus Freiwilligen fast aller deutscher Staaten eine hohe Symbolkraft für die Bestrebungen zur Errichtung eines deutschen Nationalstaates. Von seinen Uniformfarben leiten sich die deutschen Nationalfarben Schwarz-Rot-Gold her.

18. Juni: 1925: Das Reichsgericht hebt die einzige beschlossene Fürstenenteignung in der Weimarer Republik auf. Das entsprechende Landesgesetz im Freistaat Sachsen-Gotha

über die Einziehung von Besitz des Fürstenhauses Sachsen-Coburg und Gotha sei nicht verfassungsgemäß.

19. Juni: 1646: Der Trierer Kurfürst Philipp Christoph von Sötern geht ein geheimes Bündnis mit Frankreich ein und überlässt den Franzosen die Festung Philippsburg zur dauernden Besetzung im anhaltenden Dreißigjährigen Krieg. Damit bricht er den Vertrag mit dem Kaiser, dem er im April des Vorjahres zugesagt hatte, im Gegenzug für seine Freilassung aus zehnjähriger Gefangenschaft die seit 1644 französisch besetzte Festung zurück in kaiserliche Kontrolle zu bringen.

20. Juni: 1939: Die Heinkel He 176 absolviert als erstes funktionsfähiges Raketenflugzeug ihren Jungfernflug. Die Heinkel He 176 war das erste funktionsfähige Flugzeug der Welt, das von einem regelbaren Flüssigkeitsraketentriebwerk angetrieben

wurde. Der Erstflug wurde am 20. Juni 1939 von Erich Warsitz auf dem Gelände der Erprobungsstelle der deutschen Luftwaffe „Peenemünde-West" in Peenemünde durchgeführt.

21. Juni: 1931: Weltrekordfahrt des Schienenzeppelins von Franz Kruckenberg mit einer Geschwindigkeit von 230,2 km/h. Der Schienenzeppelin war ein von Franz Kruckenberg 1929 konstruierter Eisenbahntriebwagen, angetrieben von einem hölzernen Flugzeugpropeller am Heck. Der Schienenzeppelin, den Kruckenberg als „Flugbahn-Wagen" bezeichnete, wurde nur in einem Exemplar gebaut. Er stellte mit 230,2 km/h einen Geschwindigkeitsweltrekord auf, der 24 Jahre lang Bestand hatte.

22. Juni: 1450: Der Erste Markgrafenkrieg endet mit einem Friedensschluss in Bamberg. Die Freie Reichsstadt Nürnberg erhält alle von

Markgraf Albrecht Achilles von Brandenburg-Ansbach eroberten Gebiete zurück. Der Erste Markgrafenkrieg (1449–1450) entstand aufgrund von Zwistigkeiten zwischen dem Markgrafen Albrecht Achilles von Brandenburg-Ansbach und der Reichsstadt Nürnberg. Dabei forderte Albrecht, Sohn Friedrichs VI., Besitz zurück, der ehemals seiner Familie gehört hatte. Ein direkter Angriff auf die Festung Nürnberg mit 7000 Mann blieb erfolglos, aber während des Krieges wurden zahlreiche Orte um Nürnberg schwer in Mitleidenschaft gezogen. Die Brandschatzung und weitgehende Verwüstung ganzer Ortschaften gehörte zur Strategie dieses Krieges.

23. juni: 1802: Der deutsche Naturforscher Alexander von Humboldt besteigt zusammen mit dem französischen Botaniker Aimé Bonpland in Südamerika den 6267 Meter hohen Chimborazo bis zu einer Höhe von 5749 Meter. Humboldt beschreibt

anschließend zum ersten Mal Symptome der Höhenkrankheit.

24. Juni: 1762: Im Siebenjährigen Krieg treffen alliierte und französische Truppen nahe dem Schloss Wilhelmsthal aufeinander. Nach ihrer Niederlage in der Schlacht bei Wilhelmsthal müssen sich die Franzosen aus Norddeutschland zurückziehen.

25. Juni: 1525: Nachdem die Bauern in der Schlacht bei Pfeddersheim im Pfälzischen Bauernkrieg am Tag zuvor kapituliert haben, wird den nichtpfälzischen Bauern befohlen, unbewaffnet die Reichsstadt Pfeddersheim zu verlassen. Etwa 3.000 Menschen folgen der Aufforderung. Sie ist mit der Auflage verbunden, nicht zu fliehen. Als es dennoch zu Fluchtversuchen kommt, richten die Truppen des Kurfürsten Ludwig V. ein Blutbad unter den Rebellen an, das 800 von ihnen das Leben kostet.

26. Juni: 1803: Schweden verpfändet Wismar für 100 Jahre an das Herzogtum Mecklenburg-Schwerin.

27. Juni: 1519: Die Leipziger Disputation zwischen dem Ingolstädter Theologen Johannes Eck und den Wittenberger Theologen Andreas Bodenstein und Martin Luther beginnt: Luther bestreitet die Begründung des päpstlichen Primats aus göttlichem Recht und wird von Eck deshalb der hussitischen Ketzerei bezichtigt.

28. Juni: 1919: Die deutsche Delegation unterschreibt unter Protest den ihr vorgelegten Friedensvertrag von Versailles, welcher formell den Ersten Weltkrieg abschließt. Zugleich wird im Vertragswerk die Satzung des entstehenden Völkerbundes akzeptiert.

29. Juni: 1679: Der Große Kurfürst Friedrich Wilhelm verliert im Frieden von Saint Germain, mit dem der Schwedisch-Brandenburgische Krieg beendet wird, das eroberte Vorpommern wieder an die Schweden. Der Frieden von Saint-Germain beendete den Schwedisch-Brandenburgischen Krieg. Im Vertrag vom 29. Juni 1679 zwischen Frankreich, Schweden und Brandenburg musste der Große Kurfürst Friedrich Wilhelm Vorpommern wieder an Schweden abtreten, da ihn seine Verbündeten, die Niederlande und der Kaiser nicht unterstützten und er mit Dänemark allein dem übermächtigen Frankreich gegenüberstand. Enttäuscht von diesem Verhalten schloss er sich nun eng an Frankreich an und verpflichtete sich in einem geheim gehaltenen Vertrag vom 25. Oktober 1679, Ludwig XIV. bei einer neuen Kaiserwahl seine Stimme zu geben.

30. Juni: 1905: Albert Einsteins Arbeit Zur Elektrodynamik bewegter Körper

96

geht bei der Redaktion der Annalen der Physik ein. Sie begründet die Spezielle Relativitätstheorie. Es ist Einsteins dritte und wichtigste Arbeit im sogenannten „Annus mirabilis" der Physik.

JULI

01. Juli: 1912: In Anwesenheit des Bayerischen Prinzregenten Luitpold wird das neue Hauptzollamt München eröffnet. Der größte Stahlbetonbau seiner Zeit in Reformarchitektur mit Elementen des späten Jugendstils ist mit modernster Technik ausgestattet.

02. Juli: 1587: Hans Schultes der Jüngere verewigt das ungewöhnliche Ereignis einer Windhose über Augsburg auf einer Flugschrift und bringt damit die

älteste bekannte Darstellung eines Tornados heraus.

03. Juli: 1866: In der Schlacht bei Königgrätz entscheidet General von Moltke den preußisch-österreichischen Bruderkrieg mit einem Sieg gegen Österreich zugunsten Preußens und bereitet damit den Weg für die „Kleindeutsche Lösung".

04. Juli: 1913: Der Chemiker Fritz Klatte erhält das Patent für seine Erfindung, den heute massenmäßig wichtigsten Kunststoff der Welt, das PVC. Fritz Klatte war ein deutscher Chemiker und industrieller Entwickler (gemeinsam mit den Chemikern Emil Zacharias und Adolf Rollett) von Polyvinylchlorid (PVC), auf das er ein deutsches Patent (GP 281687 1912) zur Aufbereitung aus Ethin hatte.

05. Juli: 1927: In Breslau wird der Verein für Raumschiffahrt gegründet aus dem bedeutende Pioniere der Raumfahrt- und Raketentechnik hervorgehen (Hermann Oberth, Wernher von Braun, Rudolf Nebel, Klaus Riedel, Max Valier). 1929 zieht der Verein nach Berlin um.

06. Juli: 1618: Das Reichskammergericht bestätigt in einem lange schwelenden Rechtsstreit den Status Hamburgs als Freier Reichsstadt. Das Urteil wird vom dänischen König Christian IV. nicht anerkannt. Erst der Gottorper Vertrag führt im Jahr 1768 zum Einlenken. Das Reichskammergericht war ab seiner Gründung im Jahr 1495 unter dem deutschen König und späteren Kaiser Maximilian I. bis zu seiner Auflösung 1806 neben dem Reichshofrat das oberste Gericht des Heiligen Römischen Reichs. Es hatte die Aufgabe, ein geregeltes Streitverfahren an die Stelle von Fehden, Gewalt und Krieg zu setzen.

Zuerst hatte das Gericht seinen Sitz in Frankfurt am Main. Nach Zwischenstationen in Worms, Augsburg, Nürnberg, Regensburg, Speyer und Esslingen am Neckar war es ab 1527 in Speyer und nach dessen Zerstörung infolge des Pfälzischen Erbfolgekriegs von 1689 bis 1806 in Wetzlar ansässig.

07. Juli: 1909: Kaiser Wilhelm II. beruft Theobald von Bethmann Hollweg als Nachfolger des zurückgetretenen Bernhard von Bülow zum Reichskanzler des Deutschen Reichs.

08. Juli: 1455: Beim Altenburger Prinzenraub lässt Kunz von Kauffungen die beiden Söhne des sächsischen Kurfürsten Friedrich des Sanftmütigen, Ernst und Albrecht, aus dem Altenburger Schloss entführen, um finanziellen Forderungen aus dem Sächsischen Bruderkrieg Nachdruck zu verleihen.

09. Juli: 1553: In der Schlacht bei Sievershausen im Zweiten Markgrafenkrieg besiegt Kurfürst Moritz von Sachsen seinen ehemaligen Verbündeten Markgraf Albrecht Alcibiades von Brandenburg-Kulmbach und trägt damit wesentlich zum Zustandekommen des Augsburger Religionsfriedens bei.

10. Juli: 1709: Beim mehrtägigen Treffen dreier Könige am preußischen Hof gilt dieser Tag politischen Gesprächen der Monarchen Friedrich I., August der Starke und Friedrich IV. Die Bemühungen Dänemarks und Sachsens beim Herrschertreffen, Preußen zu einem Engagement gegen Schweden zu bewegen, scheitern.

11. Juli: 1509: Der Tod seines Vaters Wilhelm II. von Hessen macht den minderjährigen Philipp den Großmütigen zum hessischen Landgrafen. Seine Mutter ringt in der Folge erbittert mit

den Rittern des Landes um die vormundschaftliche Regentschaft. Schließlich erklärt Kaiser Maximilian I. Philipp im Jahr 1518 mit 13½ Jahren für volljährig.

12. Juli: 1929: Das Flugboot Dornier Do X, das zu seiner Zeit bei weitem größte Flugzeug, hat seinen Erstflug über dem Bodensee. Die Do X war ein Verkehrsflugschiff, das nach dem Ersten Weltkrieg von den deutschen Dornier-Werken konstruiert und 1929 gebaut wurde. Es wurde von der AG für Dornier-Flugzeuge, einer vom Deutschen Reich gegründeten Kapitalgesellschaft, finanziert. Zu seiner Zeit war es das bei weitem größte Flugzeug der Welt. Der Einsatz wurde aufgrund noch vorhandener diverser sicherheitsrelevanter Probleme und wegen noch ungenügender Wirtschaftlichkeit, aber auch wegen mangelnder militärischer Eignung von den neuen Machthabern in Deutschland 1933 eingestellt. Es wurden noch zwei

Flugzeuge für den Export nach Italien gebaut. Das geplante Nachfolgebaumuster Dornier Do 20 wurde wegen des Beginns des Zweiten Weltkrieges nicht verwirklicht.

13. Juli: 1524: Thomas Müntzer hält seine Fürstenpredigt vor dem späteren sächsischen Kurfürsten Johann und dessen Sohn Johann Friedrich, in der er soziale Missstände anprangert und die Einführung der Reformation fordert.

14. Juli: 1866: Augsburg wird provisorischer Sitz des Deutschen Bundes, nachdem der Bundestag wegen des Deutschen Krieges von Frankfurt am Main hierher übergesiedelt ist.

15. Juli: 1761: Mit einem Angriff der Franzosen unter Charles de Rohan, prince de Soubise und Victor-François de Broglie auf preußische Truppen unter

dem Befehl von Ferdinand von Braunschweig beginnt die zweitägige Schlacht bei Vellinghausen im Siebenjährigen Krieg.

16. Juli: 1927: Der Reichstag verabschiedet das Gesetz über Arbeitsvermittlung und Arbeitslosenversicherung. Die provisorische Regelung der Erwerbslosenfürsorgeverordnung im Rahmen der Kriegsfürsorge entfällt damit, es gibt jetzt einen echten Rechtsanspruch auf Arbeitslosengeld.

17. Juli: 1253: Auf der Lippebrücke bei Werne gründen Dortmund, Soest, Münster und Lippstadt den sogenannten „Werner Bund". Dieser westfälische Städtebund wird zu einem Vorläufer der Städtehanse.

18. Juli: 1796: Dem Schriftsteller Alois Senefelder gelingen in seinem Münchener Atelier erstmals Serien-Steindrucke, ein Flachdruckverfahren, das er in den nächsten beiden Jahren weiterentwickelt.

19. Juli: 1870: Mit der Kriegserklärung Frankreichs an Preußen beginnt der Deutsch-Französische Krieg. Der Deutsch-Französische Krieg von 1870 bis 1871 war eine militärische Auseinandersetzung zwischen Frankreich einerseits und dem Norddeutschen Bund unter der Führung Preußens sowie den mit ihm verbündeten süddeutschen Staaten Bayern, Württemberg, Baden und Hessen-Darmstadt andererseits. Seine wichtigsten Ergebnisse waren die deutsche Reichsgründung und das Ende des Zweiten französischen Kaiserreichs. Aufgrund seiner Niederlage musste Frankreich die später als Reichsland Elsaß-Lothringen bezeichneten Gebiete an das Deutsche Reich abtreten. In dem Krieg kamen über 180.000 Soldaten ums

Leben, mehr als 230.000 wurden verwundet.

20. Juli: 1546: Wenige Tage nach Beginn des Schmalkaldischen Krieges verhängt Kaiser Karl V. die Reichsacht über Kurfürst Johann Friedrich I. von Sachsen und Landgraf Philipp I. von Hessen, die beiden Anführer der protestantischen Seite. Die Reichsacht war eine besondere Form der Acht, die vom König oder vom Kaiser unter Mitwirkung der Reichsgerichte und der Kurfürsten verhängte Ächtung (Fried- und Rechtloserklärung) vor allem bei Ladungs- oder Urteilsungehorsamkeit, die sich auf das ganze Gebiet des Heiligen Römischen Reiches erstreckte.

21. Juli: 1495: Auf dem Reichstag zu Worms wird die Grafschaft Württemberg unter Graf Eberhard I. vom römisch-deutschen König Maximilian I. zum Herzogtum erhoben.

22. Juli: 1929: Das Turbinenschiff Bremen des Norddeutschen Lloyd gewinnt auf seiner Jungfernfahrt das Blaue Band für die schnellste Atlantiküberquerung, das zuvor zwanzig Jahre lang die britische Mauretania innegehabt hat. Noch vor der Ankunft startet das Postflugzeug Heinkel HE 12 mit Hilfe eines Katapults vom Schiff aus, um die Post frühzeitig nach New York zu liefern.

23. Juli: 1532: Kaiser Karl V. und die Protestanten vereinbaren im Nürnberger Religionsfrieden zum ersten Mal (befristet) eine gegenseitige Rechts- und Friedensgarantie für die gegenwärtigen „konfessionellen Besitzstände".

24. Juli: 1931: Das Starrluftschiff LZ 127 Graf Zeppelin startet unter der Leitung von Hugo Eckener von

Friedrichshafen aus zu seiner einwöchigen Polarfahrt.

25. Juli: 1625: Albrecht Wallenstein, Herzog von Friedland, wird vom Kaiser zum Feldmarschall und Generalissimus ernannt und mit der Aufstellung einer Armee beauftragt.

26. Juli: 1866: Preußen und Österreich schließen den Vorfrieden von Nikolsburg zur Beendigung des Deutschen Krieges. Die dabei ausgehandelten Friedenspräliminarien werden im Prager Frieden weitestgehend bestätigt.

27. Juli: 1900: Bei der Verabschiedung eines Regiments deutscher Soldaten hält Kaiser Wilhelm II. seine „Hunnenrede", mit der er die deutschen Truppen zu einem rücksichtslosen Feldzug zur Niederschlagung des Boxeraufstands im Kaiserreich China auffordert.

28. Juli: 1943: In Hamburg lösen die bis dahin schwersten Luftangriffe der Geschichte im Zuge der Operation Gomorrha einen verheerenden Feuersturm aus, der große Teile der Stadt vernichtet, mindestens 35.000 Menschen tötet und über eine Million obdachlos macht.

29. Juli: 1474: Eine burgundische Armee unter Karl dem Kühnen, den Erzbischof Ruprecht von der Pfalz in der Kölner Stiftsfehde zu Hilfe gerufen hat, beginnt mit der Belagerung von Neuss.

30. Juli: 1878: Die deutsche Reichstagswahl wird nach zwei in diesem Jahr vorausgegangenen Attentaten auf den Kaiser Wilhelm I. von den Konservativen gewonnen, die nun eine Mehrheit für das vom Reichskanzler Otto von Bismarck gewünschte Sozialistengesetz finden können.

31. Juli: 1901: Die deutschen Meteorologen Arthur Berson und Reinhard Süring erreichen im Gasballon Preussen die Weltrekordhöhe von 10.800 Metern. Ihre Temperaturmessungen ebnen den Weg zur Entdeckung der Stratosphäre im Jahre 1902.

AUGUST

01. August: 1819: In Teplitz vereinbart der Außenminister des Kaisertums Österreich, Metternich, mit dem preußischen König Friedrich Wilhelm III. und dessen Staatskanzler Hardenberg die Teplitzer Punktation über Vorkehrungen gegen „staatsgefährdende Bestrebungen", die Einführung von Zensur und Überwachungsmaßnahmen und die Bekämpfung des Liberalismus und Nationalismus im Deutschen Bund.

02. August: 1869: Der Chirurg Gustav Simon führt in Heidelberg die erste Nierenoperation der Welt an der Patientin Margaretha Kleb aus. Dabei entfernte er, erfolgreich, eine Niere.

03. August: 1645: Dreißigjähriger Krieg: In der Schlacht bei Alerheim (Zweite Schlacht von Nördlingen) besiegt Frankreich ein bayerisch-kaiserliches Heer, kann aber keinen Vorteil aus diesem Erfolg ziehen. Das Dorf Alerheim wird bei dieser Schlacht völlig verwüstet, so dass der Wiederaufbau erst 70 Jahre später beendet werden kann.

04. Aufgust: 1914: Der Reichstag des Deutschen Kaiserreichs schließt nach einer flammenden Rede von Kaiser Wilhelm II. den sogenannten „Burgfrieden" und stimmt geschlossen für die Gewährung von Kriegsanleihen.

05. August: 1888: Ohne Wissen ihres Mannes Carl setzt Bertha Benz sich mit ihren beiden Söhnen Richard und Eugen in den bereits patentierten Motorwagen und fährt 106 Kilometer von Mannheim nach Pforzheim. Diese erste erfolgreiche Überlandfahrt trägt wesentlich dazu bei, die noch bestehenden Vorbehalte von potentiellen Kunden zu zerstreuen und ermöglicht in der Folge den wirtschaftlichen Erfolg der Firma.

06. August: 1934: Bei einer Volksabstimmung über das Staatsoberhaupt des Deutschen Reichs bestätigen 89,9 % der Stimmberechtigten die Vereinigung der Ämter des Reichspräsidenten und des Reichskanzlers in der Person Adolf Hitlers.

07. August: 1495: Auf dem Reichstag zu Worms wird der Ewige Landfriede im Heiligen Römischen Reich verkündet. Gleichzeitig wird das

Reichskammergericht gegründet. Mit dem Ewigen Landfrieden vom 7. August 1495 wurde unter dem deutschen König und späteren Kaiser Maximilian I. im Heiligen Römischen Reich das definitive und unbefristete Verbot des mittelalterlichen Fehderechts auf dem Reichstag zu Worms verkündet. Tatsächlich wurden aber im Reichsgebiet noch bis weit ins 16. Jahrhundert hinein ungeachtet des formalen Verbotes weiterhin Fehden geführt.

08. August: 1900: David Hilbert (deutscher Mathematiker), stellt dem Internationalen Mathematikerkongress in Paris eine Liste von 23 ungelösten mathematischen Probleme vor. Diese Hilbertschen Probleme haben großen Einfluss auf die Entwicklung der Mathematik im 20. Jahrhundert.

09. August: 1854: Nach dem Unfalltod von König Friedrich August II. wird sein Bruder Johann neuer Herrscher im

Königreich Sachsen. Bei einer Reise in Tirol verunglückte des Königs Pferdewagen am 9. August 1854 in Karrösten. Er starb in dem bis heute fortbestehenden Gasthof Neuner, nachdem er aus dem Wagen gestürzt war und von einem Pferd einen Tritt gegen den Kopf erhalten hatte.

10. August: 1897: Felix Hoffmann (deutscher Chemiker) stellt zum ersten Mal Acetylsalicylsäure her, das später als Aspirin verkauft wird.

11. August: 1919: Reichspräsident Friedrich Ebert unterzeichnet die Verfassung der Weimarer Republik. Gleichzeitig wird auch die schwarz-weiß-rote Flagge durch die Farben Schwarz-Rot-Gold ersetzt.

12. August: 1845: Auf dem Bonner Münsterplatz wird das von Ernst Hähnel

entworfene und von Jacob Daniel Burgschmiet ausgeführte Beethoven-Denkmal feierlich enthüllt. Begleitet wird die Enthüllungsfeierlichkeit von einem mehrtägigen Fest, bei dem Franz Liszt Regie führt. Als Veranstaltungsort entsteht die erste Beethovenhalle.

13. August: 1898: Das Kaiserliche Patentamt gewährt Ferdinand Graf von Zeppelin das Patent Nummer 98590 für einen Lenkbaren Luftfahrzug mit mehreren hintereinander angeordneten Tragkörpern. Der Entwurf für sein Starrluftschiff wird hierdurch rückwirkend zum 31. August 1895 geschützt.

14. August: 1865: Preußen und Österreich unterzeichnen die Gasteiner Konvention, mit der die Herrschaft über die Herzogtümer Schleswig und Holstein geregelt wird; diese wird bereits fünf Tage später von beiden Staaten ratifiziert.

15. August: 1373: Im Vertrag von Fürstenwalde erhält Kaiser Karl IV. die Mark Brandenburg vom Markgrafen Otto V. Das Haus Wittelsbach erhält im Gegenzug 500.000 Gulden sowie einige Städte und Schlösser in der Oberpfalz aus kaiserlichem Besitz.

16. August: 1456: Ausbleibende Soldzahlungen des Deutschen Ordens führen im Dreizehnjährigen Krieg dazu, dass Söldnerhauptleute sechs ihnen verpfändete Burgen, darunter die Ordensburg Marienburg, an den Preußischen Bund und Polens König Kasimir IV. Jagiello verkaufen.

17. August: 1863: Der Frankfurter Fürstentag beginnt. Er soll über Reformen im Deutschen Bund beraten. Preußens König Wilhelm I. bleibt nach Otto von Bismarcks Strategie dem Treffen

fern, was rund zwei Wochen später zum ergebnislosen Ende der Tagung führt.

18. August: 1866: Preußen und 15 norddeutsche Staaten schließen das Augustbündnis und gründen damit den Norddeutschen Bund. Der Norddeutsche Bund war ein Bundesstaat. Er vereinte alle deutschen Staaten nördlich der Mainlinie unter preußischer Führung. Er war die geschichtliche Vorstufe der mit der Reichsgründung verwirklichten kleindeutschen, preußisch dominierten Lösung der deutschen Frage unter Ausschluss Österreichs. Gegründet als Militärbündnis im August 1866 kam dem Bund durch eine Verfassung vom 1. Juli 1867 Staatsqualität zu.

19. August: 1914: Mit der Schlacht bei Gumbinnen beginnt im Ersten Weltkrieg der Angriff russischer Truppen auf deutsches Reichsgebiet in Ostpreußen.

20. August: 1400: Aus Unzufriedenheit mit der Entwicklung im Heiligen Römischen Reich und der Untätigkeit des amtierenden Herrschers setzen die Kurfürsten König Wenzel ab und wählen Ruprecht III. von der Pfalz zu seinem Nachfolger.

21. August: 1942: Deutsche Gebirgsjäger ersteigen während des deutschen Krieges gegen die Sowjetunion den Westgipfel des Elbrus, dem höchsten Berg des Kaukasus, und hissen dort die Reichskriegsflagge.

22. August: 1942: Fritz Sauckel, Generalbevollmächtigter für den Arbeitseinsatz im Deutschen Reich, ordnet für die Arbeitskräfte in den besetzten Gebieten des Deutschen Reiches die 54-Stunden-Woche an und hebt Beschränkungen der Sonn- und Feiertagsarbeit auf.

23. August: 1866: Der Frieden von Prag beendet den Deutschen Krieg zwischen Preußen und Österreich. Österreich akzeptiert darin die Auflösung des Deutschen Bundes.

24. August: 1939: Deutschland und die Sowjetunion einigen sich in Moskau auf einen Nichtangriffspakt, den Hitler-Stalin-Pakt. Der auf den 23. August datierte Vertrag wird wegen längerer Verhandlungsdauer erst nach Mitternacht mit den Unterschriften der Außenminister Molotow und von Ribbentrop versehen.

25. August: 1919: Das bayerische Kriegsministerium wird aufgelöst, die Soldaten der Bayerischen Armee in die Reichswehr integriert. Die Weimarer Verfassung behält die Landesverteidigung allein den Aufgaben des Reichs vor.

26. August: 1929: Die Reichspost der Weimarer Republik eröffnet in Zeesen den ersten Auslandssender in der deutschen Geschichte: den Weltrundfunksender.

27. August: 1791: Kaiser Leopold II. und König Friedrich Wilhelm II. von Preußen beschließen nach der dreitägigen Fürstenzusammenkunft im Pillnitzer Schloss die Pillnitzer Deklaration. Diese sieht die Bildung einer Koalition zur Zerschlagung der Französischen Revolution vor.

28. August: 876: Nach dem Tod Ludwigs des Deutschen regieren seine drei Söhne das Ostfrankenreich in ihren Teilreichen: Karlmann in Bayern, Ludwig III. der Jüngere in Franken, Sachsen und Thüringen sowie Karl III. der Dicke in Alemannien (Schwaben).

29. August: 1751: Im Keller des Heidelberger Schlosses wird das größte Weinfass der Welt fertiggestellt. Es kann 221.726 Liter Wein aufnehmen. Das Große Fass im Heidelberger Schloss ist eine von etwa 500.000 Menschen jährlich besichtigte Touristenattraktion im Heidelberger Schloss. Das heutige Fass ist das in zeitlicher Abfolge vierte derartige Riesenfass.

30. August: 1914: Die Schlacht bei Tannenberg an der Deutschen Ostfront des Ersten Weltkriegs, die am 26. August begonnen hat, endet mit einem Sieg des Deutschen Kaiserreichs über Russland.

31. August: 1819: Mit den Karlsbader Beschlüssen geht ein Ministerkongress zu Ende. Die Empfehlungen an den deutschen Bundestag sehen drastische Einschränkungen bei der Freiheit der Universitäten und der Pressefreiheit vor. Das monarchische Prinzip wird verfestigt,

die Verfolgung von Demagogen angestrebt.

SEPTEMBER

01. September: 1939: Der Zweite Weltkrieg beginnt um 4:45 Uhr mit dem Beschuss der Westerplatte bei Danzig durch das deutsche Marine-Schulschiff Schleswig-Holstein und dem Einmarsch deutscher Truppen in Polen auf Hitlers Befehl.

02. September: 1796: Die Reichsstadt Nürnberg schließt auf Druck ihrer Bürger nach der französischen Besetzung im Ersten Koalitionskrieg einen Vertrag, der die Stadt preußischer Landeshoheit unterstellen soll. Die Bestätigung durch die preußische Regierung bleibt später aus außenpolitischer Rücksichtnahme und der nötigen Übernahme der Nürnberger Schuldenlast aus.

03. September: 1939: Am sogenannten Bromberger Blutsonntag, über 1000 getötete Deutsche, kommt es zu einem bis heute nicht aufgeklärten Massaker an Deutschen im polnischen Korridor. Dies führt beim Überfall auf Polen in der Folge zu massiven Vergeltungsaktionen der Nationalsozialisten.

04. September: 1672: Georg Wilhelm von Braunschweig-Lüneburg-Celle erwirbt drei große Elbinseln, die daraufhin eingedeicht und durch Verbindungsdeiche vereint werden. Sie tragen fortan den Namen Wilhelmsburg, heute Hamburg-Wilhelmsburg.

05. September: 1917: Der Matrose Max Reichpietsch und der Heizer Albin Köbis werden als mutmaßliche „Haupträdelsführer" der Meuterei auf den beiden Schiffen SMS Friedrich der Große und SMS Prinzregent Luitpold der

Kaiserlichen deutschen Marine Anfang August 1917 in Köln hingerichtet.

06. September: 1780: Johann Wolfgang von Goethe schreibt mit Bleistift an die Holzwand einer Jagdhütte auf dem Kickelhahn bei Ilmenau in Thüringen Wandrers Nachtlied – Ein Gleiches.

07. September: 1830: Bei einem Aufstand im Herzogtum Braunschweig auf Grund von Hungers wegen der vorangegangenen Missernte wird der als „Diamantenherzog" bekannte Karl II. vertrieben und das erste Braunschweiger Schloss niedergebrannt.

08. September: 1943: Die deutschen Schlachtschiffe Tirpitz und Scharnhorst beschießen im Zweiten Weltkrieg Barentsburg auf Spitzbergen. Das „Unternehmen Sizilien" endet mit der

völligen Vernichtung der dortigen alliierten Stützpunkte.

09. September: 1943: Adolf Hitler unterschreibt den Erlass zur Einrichtung des Deutschen Wohnungshilfswerks. Durch das Deutsche Wohnungshilfswerk unter der Leitung des Reichswohnungskommissars sollte zur Zeit des Nationalsozialismus und darüber hinaus behelfsmäßiger Wohnraum für Millionen von ausgebombten Deutschen errichtet werden.

10. September: 1926: Die deutsche Delegation zieht in die Versammlung des Völkerbundes ein. Damit treten die Verträge von Locarno in Kraft. Die Verträge von Locarno sind sieben völkerrechtliche Vereinbarungen, die vom 5. bis 16. Oktober 1925 in Locarno (Schweiz) verhandelt und am 1. Dezember 1925 in London unterzeichnet wurden, nachdem die Parlamente zugestimmt hatten. Sie traten am 10.

September 1926 mit der Aufnahme von Deutschland in den Völkerbund in Kraft.

11. September: 1801: In Leipzig wird Friedrich Schillers romantische Tragödie Die Jungfrau von Orléans uraufgeführt. Das der Weimarer Klassik zugehörige Stück wird zu Schillers Zeiten sein meistgespieltes Werk.

12. September: 1909: Der Chemiker Fritz Hofmann, Mitarbeiter der Farbenfabrik Bayer/Elberfeld a. d. Wupper, erhält weltweit das erste Patent für ein Verfahren zur Herstellung von künstlichem Kautschuk, den er Buna nennt.

13. September: 1309: Um die Übernahme von Danzig durch den Deutschen Orden abzusichern, erwirbt dieser im Vertrag von Soldin vom Markgrafen von Brandenburg dessen

Ansprüche auf das Herzogtum Pommerellen.

14. September: 1405: Im Marbacher Bund vereinen sich 17 schwäbische Städte und einige rheinische Fürsten, um territorialen Ansprüchen des römisch-deutschen Königs Ruprecht zu begegnen. Der Marbacher Bund (1405–1407) war ein auf Betreiben des Erzbischofs von Mainz, Johann II. von Nassau, am 14. September 1405 geschlossenes Bündnis von Kurmainz, Graf Eberhard III. von Württemberg, Markgraf Bernhard I. von Baden und 17 schwäbischen Städten, welches gegen die Hausmacht- und Territorialpolitik von König Ruprecht gerichtet war. Der Wittelsbacher Ruprecht war Sohn und Nachfolger des Kurfürsten Ruprecht II. von der Pfalz, und zwischen seinem Hause und dem benachbarten Mainzer Erzstift gab es wiederholt Streit um Besitzansprüche, wie auch mit Baden und Württemberg. Die beteiligten Städte sahen sich ebenfalls in ihren erworbenen Rechten

bedroht. Der Marbacher Bund wurde schon 1407 wieder aufgelöst, jedoch blieben die Spannungen bis zum Tode Ruprechts im Jahre 1410 bestehen.

15. September: 1935: Auf dem siebten Reichsparteitag beschließt und verkündet der Reichstag die Nürnberger Rassengesetze. Diese berauben Deutschlands Juden des Rechts, ein öffentliches Amt innezuhaben. Außerdem werden Ehen zwischen Juden und Nichtjuden verboten. Die Hakenkreuzflagge wird an Stelle der schwarz-rot-goldenen Flagge zur Nationalflagge des Deutschen Reiches.

16. September: 1813: Eleonore Prochaska (Jäger August Renz), die sich als Mann in das Lützowsche Freikorps eingeschlichen hat, wird in der Schlacht an der Göhrde während der Befreiungskriege tödlich verletzt.

17. September: 1916: Manfred von Richthofen, später Der Rote Baron genannt, gewinnt über Cambrai seinen ersten Luftkampf im Ersten Weltkrieg.

18. September: 1848: Bei den Septemberunruhen in der Freien Stadt Frankfurt werden die Abgeordneten der Frankfurter Nationalversammlung Hans von Auerswald und Felix Fürst Lichnowsky ermordet. Bei Barrikadenkämpfen fallen 30 Aufständische und 12 Soldaten.

19. September: 1657: Im Vertrag von Wehlau erhält Kurfürst Friedrich Wilhelm die Souveränität über Preußen von Polens König Johann II. Kasimir.

20. September: 1924: Durch einen Regierungsbeschluss wird die Deutsche Einheitskurzschrift eingeführt. Die Deutsche Einheitskurzschrift ist ein weit

verbreitetes deutsches Stenografie-System. Sie wurde 1924 von einer staatlich einberufenen Expertenkommission geschaffen und basiert auf Schriftideen früherer Kurzschriftsysteme (Gabelsberger, Stolze-Schrey, Faulmann) und langjährigen Erfahrungen mit deren Anwendung. 1936 und 1968 erfolgten Systemrevisionen.

21. September: 1762: An der Brücker Mühle, einem strategisch bedeutenden Übergang über die Ohm bei Amöneburg, kommt es im Siebenjährigen Krieg zu einer Schlacht zwischen Frankreich und den mit Preußen verbündeten Hessen, Hannoveranern und Braunschweigern, die nach 14-stündigem Verlauf ohne klaren Sieger endet.

22. September: 1914: Das deutsche U-Boot U 9 unter Kommandant Otto Weddigen versenkt im Ersten Weltkrieg

drei britische Panzerkreuzer: die HMS
Aboukir, HMS Hogue und HMS Cressy.

23. September: 1862: Otto von
Bismarck wird im Preußischen
Verfassungskonflikt zum preußischen
Ministerpräsidenten bestellt. Unter dem
preußischen Verfassungskonflikt, auch
preußischer Budgetkonflikt oder
Heereskonflikt genannt, versteht man
den Konflikt um eine Heeresreform und
die Machtaufteilung zwischen König und
Parlament in den Jahren 1859 bis 1866
im Preußischen Staat.

24. September: 1555: In der zunächst
geheimgehaltenen Declaratio
Ferdinandea macht König Ferdinand I.
den protestantischen Reichsständen auf
dem Reichstag von Augsburg
Zugeständnisse im Streit um den
„Geistlichen Vorbehalt". Das Reservatum
ecclesiasticum (lat. der „geistliche
Vorbehalt") war eine Klausel im
Augsburger Reichs- und Religionsfrieden

von 1555. Die Klausel hatte zum Inhalt, dass ein katholischer, geistlicher Territorialherr, also zum Beispiel ein Fürstabt, Fürstbischof oder -erzbischof, beim Konfessionswechsel auch gleichzeitig seine weltliche Herrschaft abgeben musste und ein neuer (katholischer) Territorialherr einzusetzen war. In den weltlichen Territorien des Reiches galt im Gegensatz dazu nach den Bestimmungen des Augsburger Religionsfriedens das seit 1612 so bezeichnete Prinzip cuius regio, eius religio (der Landesherr bestimmt die Konfession seiner Untertanen).

25. September: 1805: Im Bogenhausener Vertrag gestattet das Kurfürstentum Bayern den Einmarsch französischer Truppen und gibt damit sein Bündnis mit dem Kaisertum Österreich und Russland auf. Bayern unterstützt vertragsgemäß Napoleon Bonaparte mit Truppen.

26. September: 1905: Albert Einstein veröffentlicht seine spezielle Relativitätstheorie in den Annalen der Physik. Die spezielle Relativitätstheorie ist eine physikalische Theorie über die Bewegung von Körpern und Feldern in Raum und Zeit. Sie erweitert das ursprünglich in der Mechanik entdeckte galileische Relativitätsprinzip zum speziellen Relativitätsprinzip. Dem speziellen Relativitätsprinzip zufolge haben nicht nur die Gesetze der Mechanik, sondern alle Gesetze der Physik in allen Inertialsystemen dieselbe Form. Dies gilt u. a. für die Gesetze des Elektromagnetismus, weshalb die Lichtgeschwindigkeit im Vakuum in jedem Inertialsystem denselben Wert hat. Damit folgt aus dem Relativitätsprinzip weiter, dass Längen und Zeitdauern vom Bewegungszustand des Betrachters abhängen und es keinen absoluten Raum und keine absolute Zeit gibt.

27. September: 1808: Der Erfurter Fürstenkongress beginnt, auf dem Napoleon Bonapartes Begegnung mit Zar Alexander I. im Mittelpunkt steht. Als Erfurter Fürstenkongress wird das Zusammentreffen Napoleons I. mit dem russischen Zaren Alexander I. vom 27. September bis zum 14. Oktober 1808 in Erfurt bezeichnet. Höhepunkt des Treffens war die Unterzeichnung eines Bündnisvertrags zwischen Napoleon und Alexander, der später jedoch nicht eingehalten wurde.

28. September: 1322: In der Schlacht bei Mühldorf besiegt der Wittelsbacher Ludwig der Bayer den Habsburger Friedrich den Schönen und nimmt ihn gefangen. Er lässt ihn erst drei Jahre später wieder frei, nachdem Friedrich auf den Kaisertitel verzichtet hat. Die Schlacht gilt heute als die letzte Ritterschlacht ohne Feuerwaffen.

29. September: 1818: Der Aachener Kongress der Großmächte Russland, Österreich, Preußen, Frankreich und Großbritannien beginnt. Die Herrscher und hochrangige Vertreter ihrer Staaten beraten über Maßnahmen, um die revolutionär-demokratische Entwicklung in Europa zu bekämpfen.

30. September: 1862: In einer Rede vor der Budgetkommission des Abgeordnetenhauses äußert Preußens Ministerpräsident Otto von Bismarck die Überzeugung, dass Eisen und Blut die großen Fragen der Zeit entscheide. Er will eine Heeresreform durchsetzen.

OKTOBER

01. Oktober: 1813: Das Königreich Westphalen wird in Kassel vom eingerückten Kosakenanführer Alexander

Iwanowitsch Tschernyschow für aufgelöst erklärt, nachdem die kapitulierenden französischen Truppen König Jérôme Bonapartes abgezogen sind.

02. Oktober: 1941: Mit der Me 163 A-V4 KE + SW überschreitet Heini Dittmar 1941 bei einem Versuchsflug als erster Mensch die 1000-km/h-Marke mit einem Flugzeug.

03. Oktober: 1940: Im Deutschen Reich beginnt die Kinderlandverschickung, bei der Kinder und Jugendliche aus vom Luftkrieg betroffenen Städten in ländliche Gebiete evakuiert werden.

04. Oktober: 1914: In Berlin wird das von 93 Wissenschaftlern, Künstlern und Schriftstellern Deutschlands unterzeichnete Manifest An die

Kulturwelt! veröffentlicht, in dem jede Schuld Deutschlands am Kriegsausbruch und alliierte Anklagen wegen angeblicher deutscher Kriegsverbrechen zurückgewiesen werden.

05. Oktober: 1551: Die schmalkaldischen Fürsten schließen in Friedewald einen Vertrag mit Frankreich, der auf die Befreiung des Landgrafen Philipp von Hessen aus kaiserlichem Gewahrsam abzielt.

06. Oktober: 1891: Durch den Tod König Karls wird Wilhelm II. neuer Regent im Königreich Württemberg.

07. Oktober: 1879: Bismarcks Bündnispolitik führt zum Abschluss des Zweibundes zwischen Österreich-Ungarn und dem Deutschen Reich. Der Zweibund verpflichtete die Vertragspartner, sich bei einem

russischen Angriff gegenseitig mit der gesamten Kriegsmacht beizustehen. Der Bündnisfall trat vertragsgemäß auch dann ein, wenn eine andere angreifende Macht russische Unterstützung erhielte. In allen anderen Fällen, etwa im Falle eines französischen Angriffs auf das Deutsche Reich, versicherten sich die Vertragspartner gegenseitig wohlwollender Neutralität. Allerdings erwartete man im Deutschen Reich nicht, dass Frankreich das Deutsche Reich ohne russische Unterstützung angreifen würde.

08. Oktober: 1619: Herzog Maximilian I. von Bayern verpflichtet sich im Münchner Vertrag, Kaiser Ferdinand II. mit einer Armee zu unterstützen, um den Böhmischen Aufstand abzuwehren. Der Kaiser verspricht ihm die pfälzische Kurwürde und die Eingliederung der Oberpfalz nach Bayern.

09. Oktober: 1818: Während des Aachener Kongresses wird mit Frankreich ein Vertrag geschlossen, der einen sofortigen Abzug der Besatzungstruppen beinhaltet und die Zahlung von Reparationen von 700 auf 265 Millionen Francs herabsetzt.

10. Oktober: 1935: In Langenberg zerstört eine Windhose den 160 Meter hohen Sendeturm. Als Folge dieses Ereignisses wird der Bau von Sendetürmen aus Holz in der Folgezeit in Deutschland praktisch vollständig eingestellt.

11. Oktober: 1940: Mit seinem Segelflugzeug vom Typ Kranich D-11 erreicht der deutsche Pilot Erich Klöckner eine Höhe von 11.460 Metern und stellt somit einen neuen Höhenrekord für Segelflugzeuge auf.

12. Oktober: 1435: Herzog Ernst von Bayern-München lässt die Geliebte seines Sohnes Albrecht, die Baderstochter Agnes Bernauer, verhaften und bei Straubing in der Donau ertränken. Er befürchtet, dass die Mesalliance die Erbfolge gefährden kann.

13. Oktober: 1806: In Berlin wird die Preußisch-Königliche Blindenanstalt unter Leitung von Johann August Zeune eröffnet – Deutschlands erste Blindenschule.

14. Oktober: 1939: In den frühen Morgenstunden versenkt das U-Boot U 47 unter Kapitänleutnant Günther Prien das Schlachtschiff HMS Royal Oak im Kriegshafen Scapa Flow.

15. Oktober: 1080: In der Schlacht bei Hohenmölsen unterliegt der deutsche König Heinrich IV. dem Gegenkönig

Rudolf von Rheinfelden und dessen Heerführer Otto von Northeim; Heinrich muss fliehen. Rudolf stirbt jedoch am Folgetag an seinen in der Schlacht erlittenen Verwundungen.

16. Oktober: 1813: Die Völkerschlacht bei Leipzig, die entscheidende Schlacht der Befreiungskriege zwischen den Franzosen unter Napoleon Bonaparte und den verbündeten Österreichern, Russen, Preußen und Schweden, beginnt. Mit bis zu 600.000 beteiligten Soldaten aus über einem Dutzend Ländern war dieser Kampf bis zum Beginn des 20. Jahrhunderts wahrscheinlich die größte Schlacht der Weltgeschichte. In dieser wichtigsten Schlacht des Befreiungskrieges gegen die napoleonische Herrschaft brachten die zahlenmäßig überlegenen verbündeten Heere der Österreicher, Preußen, Russen und Schweden Napoleon Bonaparte die entscheidende Niederlage bei, die ihn dazu zwang, sich mit der verbliebenen Restarmee und ohne Verbündete aus

Deutschland zurückzuziehen. In der Schlacht wurden von den rund 600.000 beteiligten Soldaten 92.000 getötet oder verwundet.

17. Oktober: 1379: In Wiesbaden wird die Adelsgesellschaft Löwenbund gegründet. Die Anhänger des Gegenpapstes Clemens VII. verpflichten sich, einander Schutz sowie Beistand gegen Angriffe von Außenstehenden zu gewähren. Die Gesellschaft mit dem Lewen (auch als Löwengesellschaft und Löwenbund bezeichnet) war eine am 17. Oktober 1379 von 17 Grafen, Rittern und Edelknechten in Wiesbaden gegründete Adelsgesellschaft.

18. Oktober: 1748: Mit dem Zweiten Aachener Friede wird der Österreichische Erbfolgekrieg beendet und der Vorkriegsstatus weitgehend wiederhergestellt. Österreich muss jedoch auf einige Gebiete in Italien verzichten, während Preußen Schlesien

behält. Dafür wird die Pragmatische Sanktion allgemein anerkannt. Die Pragmatische Sanktion ist eine am 19. April 1713 von Kaiser Karl VI. veröffentlichte Urkunde (Hausgesetz), die die Unteilbarkeit und Untrennbarkeit aller habsburgischen Erbkönigreiche und Länder festlegte und zu diesem Zweck eine einheitliche Erbfolgeordnung vorsah. Diese ermöglichte später seiner Tochter Maria Theresia die Thronfolge in den habsburgischen Ländern.

19. Oktober: 1878: Der Reichstag des Deutschen Reichs verabschiedet das Gesetz gegen die gemeingefährlichen Bestrebungen der Sozialdemokratie und legalisiert damit die von Otto von Bismarck zur Staatsdoktrin erhobene Sozialistenverfolgung.

20. Oktober: 1401: Auf dem Grasbrook in Hamburg werden Dutzende ehemaliger Vitalienbrüder, unter ihnen Klaus Störtebeker, enthauptet und die

Köpfe zur Abschreckung aufgespießt. Vitalienbrüder nannte sich eine Gruppe von Seefahrern, die im 14. Jahrhundert den Handelsverkehr in der Nord- und Ostsee beeinflussten. Sie wollten von 1389 bis 1394 zunächst als Blockadebrecher die Lebensmittelversorgung Stockholms bei der Belagerung durch dänische Truppen sicherstellen und waren anschließend als Kaperfahrer auf den Meeren unterwegs, u. a. im Auftrag von Königreichen und Hansestädten. Man bezeichnet sie deshalb auch als „Freibeuter" bzw. Piraten.

21. Oktober: 1850: Die Staaten des Deutschen Bundes vereinbaren in der Dresdner Konvention die Einführung der Passkarte und damit die Abschaffung der Visumpflicht im innerdeutschen Reiseverkehr.

22. Oktober: 1557: Die Grenze zwischen dem Fürstbistum Osnabrück

und Grafschaft Ravensberg im Bereich des Dorfes Büscherheide wird endgültig festgelegt.

23. Oktober: 1915: Im Ersten Weltkrieg torpediert das britische U-Boot E8 in der Ostsee das deutsche Kriegsschiff Prinz Adalbert. Mit dem Großen Kreuzer gehen 672 Besatzungsmitglieder verloren, nur drei Mann überleben den Schiffsuntergang einige Seemeilen vor Libau.

24. Oktober: 1918: Die Deutsche Admiralität erteilt den Flottenbefehl, das Auslaufen der Hochseeflotte zu einer Entscheidungsschlacht mit der britischen Grand Fleet im Ärmelkanal vorzubereiten. Dies führt zu vereinzelten Meutereien, fünf Tage später zum Kieler Matrosenaufstand und anschließend zur Novemberrevolution.

25. Oktober: 1936: Mit einem geheimen Freundschaftsvertrag zwischen Italien und dem Deutschen Reich wird die „Achse Berlin-Rom" eingerichtet.

26. Oktober: 1861: Johann Philipp Reis stellt ein Fernsprechgerät im Physikalischen Verein zu Frankfurt am Main als Vorläufer des modernen Telefons vor. Johann Philipp Reis war ein deutscher Physiker und Erfinder. Durch die Entwicklung des ersten funktionierenden Gerätes zur Übertragung von Tönen über elektrische Leitungen gilt er als zentraler Wegbereiter des Telefons. Im Zuge dieser Entwicklung erfand Reis auch das Kontaktmikrophon und gab seinem Apparat 1861 den Namen Telephon, der sich später international durchsetzen konnte. Eine weitere Erfindung von Reis waren die Rollschlittschuhe, eine frühe Art der Inlineskates, die jedoch schon zuvor bekannt waren.

27. Oktober: 1075: Der Sachsenkrieg König Heinrichs IV. endet mit der barfüßigen Unterwerfung der sächsischen Fürsten vor dem König. Als Sachsenkrieg bezeichnet man die Auseinandersetzungen zwischen dem salischen Königshaus und den aufständischen Sachsen. Seinen Höhepunkt fand dieser teilweise bewaffnet ausgetragene Konflikt unter König Heinrich IV. in der Zeit vom Sommer 1073 bis zum Ende des Jahres 1075.

28. Oktober: 1666: In Den Haag bilden die Generalstaaten, Dänemark, der Große Kurfürst Friedrich Wilhelm von Brandenburg und der Herzog von Braunschweig-Lüneburg eine Quadrupelallianz, um die Stadt Bremen vor einem Zugriff Schwedens zu schützen.

29. Oktober: 1918: Die Matrosen der beiden deutschen Kriegsschiffe SMS

Thüringen und SMS Helgoland weigern sich, dem Flottenbefehl vom 24. Oktober 1918 Folge zu leisten und zu einer letzten Schlacht gegen die Royal Navy auszulaufen. Zwar kann die Meuterei unterdrückt werden, doch der Plan einer Entscheidungsschlacht im Ersten Weltkrieg wird fallengelassen.

30. Oktober: 1864: Mit der Unterzeichnung des Friedens von Wien beenden Österreich, Preußen und Dänemark den Deutsch-Dänischen Krieg. Das besiegte Dänemark verzichtet auf die Herzogtümer Schleswig, Holstein und Lauenburg.

31. Oktober: 1517: Martin Luthers 95 Thesen sollen als Disputationsgrundlage über den Ablasshandel dienen; sie leiten die Reformation ein.Martin Luthers 95 Thesen (Disputation zur Klärung der Kraft der Ablässe), in denen er sich gegen den Missbrauch des Ablasses und besonders gegen den geschäftsmäßigen

Handel mit Ablassbriefen aussprach, wurden am 31. Oktober 1517 als Beifügung an einen Brief an den Erzbischof von Mainz und Magdeburg, Albrecht von Brandenburg, erstmals in Umlauf gebracht. Da eine Stellungnahme Albrechts von Brandenburg ausblieb, gab Luther die Thesen an einige Bekannte weiter, darunter Wilhelm und Konrad Nesen, die sie kurze Zeit später ohne sein Wissen veröffentlichten und damit zum Gegenstand einer öffentlichen Diskussion im gesamten Reich machten.

NOVEMBER

01. November: 1849: Das Königreich Bayern gibt mit dem Schwarzen Einser die erste deutsche Briefmarke heraus. Sie wird üblicherweise als „Schwarzer Einser" bezeichnet aufgrund der großen Wertziffer und der Farbe der Marke. Der Nominalwert beträgt einen Kreuzer, der damaligen Frankatur für einen Ortsbrief, und für das Versenden von Drucksachen

wie Preislisten oder Werbebroschüren. Das Motiv wurde von Johann Peter Haseney entworfen. Die Marke wurde auf handgeschöpftem Papier gedruckt und ist geschnitten.

02. November: 1918: In Bayern beschließen Landtag und Staatsregierung mit Zustimmung König Ludwigs III. eine weitreichende Wahlrechts- und Verfassungsreform hin zur parlamentarischen Monarchie mit allgemeinem (Frauen-)Wahlrecht und weitgehend nur noch repräsentativen Aufgaben des Königs. Diese von allen Verfassungsorganen legitimierte Demokratisierung unter Beibehaltung der Monarchie wird jedoch durch Kurt Eisners Umsturz verhindert.

03. November: 1906: Alois Alzheimer gibt mit einem Vortrag in der Versammlung Südwestdeutscher Irrenärzte in Tübingen die Entdeckung des später nach ihm benannten

Krankheitsbildes bekannt. Alois Alzheimer war ein deutscher Psychiater und Neuropathologe. Er beschrieb eine Demenz, die heute als Alzheimer-Krankheit bezeichnet wird.

04. November: 1921: Der von Ernst Röhm gegründete NSDAP-Versammlungsschutz erhält den offiziellen Namen Sturmabteilung (SA). Die Sturmabteilung (SA) war die paramilitärische Kampforganisation der NSDAP während der Weimarer Republik und spielte als Ordnertruppe eine entscheidende Rolle beim Aufstieg der Nationalsozialisten, indem sie deren Versammlungen vor Gruppen politischer Gegner mit Gewalt abschirmte oder gegnerische Veranstaltungen behinderte. Aufgrund ihrer Uniformierung mit braunen Hemden ab 1924 wurde die Truppe auch „Braunhemden" genannt. Im Vorfeld der Machtergreifung 1933 widmete sich die Organisation, neben der Propaganda, intensiv dem Straßenkampf und Überfällen auf

Sozialdemokraten, Kommunisten und Juden. Dabei wurden Konflikte mit der Staatsmacht sorgfältig vermieden.

05. November: 1929: Der Arzt Werner Forßmann veröffentlicht sein Werk Über die Sondierung des rechten Herzens, in dem er über die ersten Herzkatheterversuche berichtet. Werner Theodor Otto Forßmann war ein deutscher Mediziner und Nobelpreisträger. Er führte 1929 an sich selbst die erste publizierte und über ein Röntgenbild dokumentierte Rechtsherzkatheterisierung beim Menschen durch. Wenige Jahre später zeigte er, dass Kontrastmittel im Herzen des Menschen gefahrlos angewendet werden können.

06. November: 1657: Im Vertrag von Bromberg erhält Brandenburg-Preußen die Lande Lauenburg und Bütow und, als Pfand für Geldhingabe, die Starostei

Draheim vom polnischen König Johann II. Kasimir.

07. November: 1918: In München führen Revolutionäre um Kurt Eisner das Ende der bayerischen Monarchie herbei. König Ludwig III. flieht aus der Stadt. Die bereits beschlossene Verfassungsreform (Parlamentisierung) vom 2. November wird dadurch hinfällig.

08. November: 1329: Im Heiligen Römischen Reich wird in Breslau erstmals ein Arbeitskampf in einer Urkunde dokumentiert. Die Gürtlergesellen streiken dort ein Jahr lang. Die Meister einigen sich, bei Geldbuße keinen der Streikenden bei sich zu beschäftigen.

09. November: 1918: Novemberrevolution: Reichskanzler Max von Baden verkündet eigenmächtig die

Abdankung von Kaiser Wilhelm II. und betraut Friedrich Ebert mit den Amtsgeschäften. Der Sozialdemokrat Philipp Scheidemann ruft gegen 14 Uhr vom Reichstagsgebäude die „deutsche Republik" aus. Zwei Stunden später verkündet der Spartakist Karl Liebknecht vom Berliner Stadtschloss aus die „deutsche Räterepublik".

10. November: 1918: General Wilhelm Groener als Vertreter der Obersten Heeresleitung und Friedrich Ebert als Mitglied des Rates der Volksbeauftragten schließen telefonisch den Ebert-Groener-Pakt. Das Offizierskorps sichert die Unterstützung der Regierung gegen linksradikale Revolutionäre zu und erhält dafür die Zusicherung der alleinigen militärischen Befehlsgewalt.

11. November: 1940: Der deutsche Hilfskreuzer Atlantis unter Kapitän zur See Bernhard Rogge versenkt das britische Frachtschiff Automedon und

erbeutet dabei kriegswichtige Geheimdokumente und Code-Tabellen. Die so gewonnenen Informationen spielen vermutlich auch beim Kriegseintritt Japans eine entscheidende Rolle.

12. November: 1848: Die Frankfurter Nationalversammlung verabschiedet das Gesetz betreffend einer deutschen Kriegs- und Handelsflagge, das erstmals die Farben Schwarz-Rot-Gold als nationales Symbol vorschreibt.

13. November: 1886: Heinrich Hertz gelingt in einem Experiment in Karlsruhe die Übertragung elektromagnetischer Wellen von einem Sender zu einem Empfänger.

14. November: 1899: Das Deutsche Kaiserreich und die USA teilen im Samoavertrag die Samoainseln

untereinander auf und legen damit den Konflikt um Samoa bei.

15. November: 1666: Nach fast einjähriger vergeblicher Belagerung der Stadt schließt Schweden mit Bremen den Frieden zu Habenhausen. Schweden unter General Carl Gustaf Wrangel beendet die Belagerung, während sich Bremen verpflichtet, bis zum Ende des Jahrhunderts auf die Reichsunmittelbarkeit zu verzichten. Als reichsunmittelbar, auch reichsfrei, wurden im spätmittelalterlichen und frühneuzeitlichen Heiligen Römischen Reich diejenigen Personen und Institutionen bezeichnet, die keiner anderen Herrschaft unterstanden, sondern direkt und unmittelbar dem Kaiser untergeben waren.

16. November: 1909: In Deutschland wird die erste Fluggesellschaft der Welt gegründet. Die DELAG betreibt die von

der Luftschiffbau Zeppelin GmbH gebauten Verkehrsluftschiffe.

17. November: 1881: Reichskanzler Bismarck verliest zur Eröffnung des 5. Reichstages eine Kaiserliche Botschaft, welche die deutsche Sozialgesetzgebung einleitet. Wegen des wachsenden Einflusses der Arbeiterbewegung und anderer sozialer Strömungen sieht sich Kaiser Wilhelm I. auf Anraten des Reichskanzlers Otto von Bismarck veranlasst, dessen Auffassung vorzutragen, der Reichstag solle Gesetze zur finanziellen Absicherung der Arbeiter gegen Krankheit, Unfall, Invalidität und Alter beschließen. In den folgenden Sitzungsperioden verabschiedet der Reichstag mehrere Gesetze zur sozialen Sicherung.

18. November: 1837: Die Göttinger Sieben (sieben Professoren) der Universität Göttingen reichen schriftlich Protest ein gegen die Rücknahme der

liberalen Verfassung durch ihren Landesherrn, König Ernst August I. von Hannover.

19. November: 1820: Beim Troppauer Fürstenkongress einigen sich die Großmächte Österreich, Russland und Preußen gegen den Widerstand Großbritanniens darauf, durch Interventionen von außen republikanische Revolutionen in anderen Staaten zu unterdrücken.

20. November: 1928: Die deutsche Reichspost führt probeweise erste Bildfunkübertragungen über ihren Sender Königs Wusterhausen mit Hilfe eines Fultographen durch. Sie testet damit eine Vorstufe in der deutschen Geschichte des Fernsehens.

21. November: 1848: Abgeordnete der Fraktionen Donnersberg, Deutscher Hof

und Westendhall in der Deutschen Nationalversammlung gründen in Frankfurt den Zentralmärzverein mit dem Ziel, die Errungenschaften der Märzrevolution zu schützen. Der Verein gilt als die erste moderne Partei Deutschlands.

22. November: 1918: Großherzog Friedrich II. von Baden, der bereits am 13. November vorläufig auf die Regierungsgeschäfte verzichtet hat, dankt offiziell ab und verkündet den Thronverzicht für die morganatische Linie Baden.

23. November: 1870: Während der Belagerung von Paris im Deutsch-Französischen Krieg tritt das Königreich Bayern zur Gründung des Kaiserreichs dem Norddeutschen Bund bei, handelt aber Reservatrechte aus. Die Novemberverträge gestatten ihm unter anderem eigenes Heer, eigenes Postwesen und eigene Eisenbahnen.

24. November: 1643: Bayerische und kaiserliche Truppen überfallen im Dreißigjährigen Krieg das Winterquartier der französischen Streitmacht unter Josias Rantzau. Die Schlacht bei Tuttlingen sieht die gegnerischen Heerführer Franz von Mercy, Melchior von Hatzfeldt, Johann von Werth und Herzog Karl IV. von Lothringen als Sieger.

25. November: 1918: Günther Victor von Schwarzburg-Rudolstadt dankt im Fürstentum Schwarzburg-Sondershausen ab. 16 Tage nach der Abdankung des Kaisers und der meisten anderen deutschen Fürsten endet damit die letzte Monarchie in Deutschland.

26. November: 1553: Am Conraditag wird im Zweiten Markgrafenkrieg die Residenzstadt Kulmbach von den bundesständischen Truppen unter dem Oberbefehl von Herzog Heinrich II. von

Braunschweig-Wolfenbüttel erobert und alle männlichen Bewohner getötet. Die Eroberung Kulmbachs bildet den tragischen Höhepunkt der Kriege des Markgrafen Albrecht Alcibiades von Brandenburg-Kulmbach. Der Zweite Markgrafenkrieg, auch Markgräflerkrieg oder Bundesständischer Krieg genannt, war ein Krieg im Heiligen Römischen Reich von 1552 bis 1554. Markgraf Albrecht Alcibiades von Brandenburg-Kulmbach bekämpfte vor allem die (katholischen) Hochstifte und bemühte sich um eine Vormachtstellung in Franken. Schließlich wurde er von einem Bündnis zahlreicher Fürsten geschlagen.

27. November: 1870: Otto von Bismarck formuliert für Bayerns König Ludwig II. den Kaiserbrief, welcher Preußens König Wilhelm I. als deutschen Kaiser vorschlägt. Kaiserbrief nennt man ein Schreiben aus dem Jahr 1870. Darin boten die Fürsten in Deutschland dem preußischen König und Inhaber des norddeutschen Bundespräsidiums,

Wilhelm I., die Krone eines Deutschen Kaisers an. Anlass war der bevorstehende Beitritt der süddeutschen Staaten zum Norddeutschen Bund.

28. November: 1654: Der Erste Stader Vergleich beendet den Ersten Bremisch-Schwedischen Krieg, der um die Vorherrschaft im Gebiet des Herzogtums Bremen-Verden ausgebrochen war.

29. November: 1802: Nach der Annexion des Hochstifts Bamberg durch bayerische Truppen legt Fürstbischof Christoph Franz von Buseck seine Herrschaft nieder und entbindet Beamte und Untertanen von ihren Eiden.

30. November: 1676: In Hamburg wird die weltweit erste Feuerversicherung, die Hamburger Feuerkasse gegründet.

DEZEMBER

01. Dezember: 1900: Eine Volkszählung im Deutschen Reich ergibt einen Bevölkerungsstand von 56.345.014 Einwohnern.

02. Dezember: 1427: Zur Finanzierung von Feldzügen gegen die Hussiten billigt der Reichstag zu Frankfurt unter dem römisch-deutschen König Sigismund eine Reichskriegssteuer, später Hussitenpfennig genannt.

03. Dezember: 1881: In Bremen wird die Deutsche Dampfschiffahrtsgesellschaft „Hansa" gegründet.

04. Dezember: 1871: Im Deutschen Reich wird die Goldmark zu 100 Pfennig als einheitliche Währung eingeführt. Die Goldmark war die Rechnungseinheit und das Münznominal der zu einem Drittel goldgedeckten Währung des Deutschen Kaiserreichs ab 1871 („Reichsgoldwährung"). Eine Mark entsprach 0,358423 oder 100022790 Gramm Feingold. Es wurden goldene Kurantmünzen zu 5, 10 und 20 Mark geprägt. Sie war nach Beschluss vom 4. Dezember 1871, dem ersten Reichsmünzgesetz, gültige Währung. Im August 1914 wurde mit Beginn des Ersten Weltkrieges die Abgabe von auf Mark lautenden Goldmünzen durch die öffentlichen Kassen eingestellt.

05. Dezember: 1858: Das Münchner Marionettentheater gibt seine erste Vorstellung. Es gilt als älteste stationäre Bühne für Marionetten im deutschsprachigen Gebiet.

06. Dezember: 1939: Das deutsche Linien-Passagierschiff Ussukuma, vermutlich unterwegs zur Versorgung des Panzerschiffs Admiral Graf Spee, versenkt sich beim Zusammentreffen mit dem britischen Kreuzer HMS Ajax vor der argentinischen Küste selbst.

07. Dezember: 1868: Die im Deutschen Krieg annektierten Gebiete Kurfürstentum Hessen, Herzogtum Nassau und die Freie Stadt Frankfurt werden zur preußischen Provinz Hessen-Nassau zusammengefasst. Provinzhauptstadt wird die vorherige Residenzstadt Kassel.

08. Dezember: 1427: Der Mainzisch-Hessische Krieg endet. Mit einem Friedensschluss in Frankfurt am Main wird ein zwei Jahrhunderte währender Konflikt um die territoriale Vorherrschaft in Hessen zwischen Kurmainz und den Landgrafen von Hessen beigelegt.

09. Dezember: 1951: In Württemberg-Baden, Baden und Württemberg-Hohenzollern stimmen die Wahlberechtigten in einer Volksabstimmung für die Vereinigung der drei Länder zu einem Bundesland. Das Bundesland Baden-Württemberg wird daraufhin am 25. April 1952 gegründet.

10. Dezember: 1878: Auf dem Gothaer Hauptfriedhof wird die erste Feuerbestattung in einem deutschen Krematorium durchgeführt.

11. Dezember: 1875: In Bremerhaven ereignet sich mit dem Anschlag auf die Mosel der bisher schwerste Mordanschlag in Deutschland. Eine vorzeitige Bombenexplosion beim Verladevorgang reißt 83 Menschen in den Tod und fordert etwa 200 Verletzte. Der Sprengkörper sollte auf hoher See

das Schiff zum Sinken bringen und Mittel für einen Versicherungsbetrug sein.

12. Dezember: 1837: König Ernst August I. von Hannover entlässt die Göttinger Sieben. Er wirft den Professoren der Universität Göttingen, die gegen die Aufhebung der 1833 eingeführten liberalen Verfassung im Königreich protestiert haben, Hochverrat vor.

13. Dezember: 1888: Heinrich Hertz informiert in seinem Bericht „Über Strahlen elektrischer Kraft" die Berliner Akademie der Wissenschaften über die Existenz elektromagnetischer Wellen. Seine Entdeckung liefert den entscheidenden Impuls für die Entwicklungen in Richtung drahtloser Telegrafie und Rundfunk. Heinrich Rudolf Hertz war ein deutscher Physiker. Er konnte 1886 als Erster elektromagnetische Wellen im Experiment erzeugen und nachweisen

und gilt damit als deren Entdecker. Ihm zu Ehren wurde die internationale Einheit für die Frequenz als Hertz.

14. Dezember: 1482: Der Münsinger Vertrag zwischen Eberhard V. von Württemberg-Urach und Eberhard VI. von Württemberg-Stuttgart hebt die Teilung der Grafschaft Württemberg nach dem Nürtinger Vertrag 1442 wieder auf. Eberhard V. wird als Eberhard I. Herrscher des vereinigten Württemberg und verspricht dafür Eberhard VI. das Nachfolgerecht.

15. Dezember: 1745: In der Schlacht bei Kesselsdorf im Zweiten Schlesischen Krieg siegen die preußischen Truppen des Alten Dessauers über österreichisch-sächsische Verbände unter dem Kommando Rutowskis. Die Sieger rücken zwei Tage später in Dresden ein.

16. Dezember: 1740: Der preußische König Friedrich der Große lässt das zu Österreich gehörende Schlesien besetzen. In der Folge beginnen die Schlesischen Kriege als Teil des Österreichischen Erbfolgekrieges.

17. Dezember: 1607: Bayerische Truppen besetzen das mehrheitlich protestantische und in Reichsacht befindliche Donauwörth. Ursache der vom Kaiser Rudolf II. beauftragten Strafaktion war das Stören zweier katholischer Prozessionen. Die freie Reichsstadt wird vom bayerischen Herzog Maximilian I. als Pfand behalten. Die katholische Besetzung der Stadt trägt zur Gründung der Protestantischen Union bei.

18. Dezember: 1914: Die deutsche Schutztruppe siegt im Kampf um Naulila gegen portugiesische Kolonialtruppen. Der Kampf um Naulila trug sich während des Ersten Weltkrieges zu und war der

Höhepunkt sowie das Ende einer Strafexpedition der Schutztruppe von Deutsch-Südwestafrika auf dem Gebiet der portugiesischen Kolonie Portugiesisch-Westafrika.
Vorausgegangen war die Ermordung eines deutschen Bezirkshauptmanns und von vier Offizieren der Schutztruppe durch die Portugiesen.

19. Dezember: 1932: Bei einer Probefahrt legt der Fliegende Hamburger die Strecke zwischen Berlin und Hamburg in der Rekordzeit von 142 Minuten zurück. Der Schnelltriebwagen wird ab dem 15. Mai 1933 fahrplanmäßig eingesetzt.

20. Dezember: 1873: Mit der verfassungsändernden Lex Miquel-Lasker erhält das Deutsche Reich die staatliche Gesetzgebungskompetenz über das bürgerliche Recht.

21. Dezember: 1919: Die deutsche Reichspost teilt amtlich mit, dass sie ab 1. Januar 1920 die neue Sendungsart Päckchen zur Beförderung annimmt.

22. Dezember: 1530: In Schmalkalden beginnt der von Kurfürst Johann von Sachsen einberufene Konvent in Schmalkalden, auf dem die protestantischen Reichsfürsten über die weitere Vorgehensweise nach der Ablehnung der Confessio Augustana auf dem Reichstag zu Augsburg beraten. Der Konvent mündet schließlich in der Gründung des Schmalkaldischen Bundes am 27. Februar des Folgejahres.

23. Dezember: 1728: Im geheim gehaltenen Berliner Vertrag zwischen König Friedrich Wilhelm I. und Kaiser Karl VI. wird die antiösterreichische Politik Preußens aufgegeben, im Gegenzug erkennt der Kaiser preußische Ansprüche auf das Herzogtum Berg an.

24. Dezember: 1918: In Berlin erreichen die Weihnachtskämpfe ihren Höhepunkt. Regierungstreue Einheiten gehen gegen die Volksmarinedivision vor, die sich im Berliner Stadtschloss einquartiert hat.

25. Dezember: 1745: Mit dem Frieden von Dresden zwischen Preußen, Österreich und Sachsen endet der Zweite Schlesische Krieg, Teil des Österreichischen Erbfolgekrieges. Preußen behält Schlesien, im Gegenzug anerkennt Friedrich II. dafür Franz I. Stephan als deutschen Kaiser.

26. Dezember: 1927: In den Münchner Neueste Nachrichten erscheint Hugo von Hofmannsthals Aufsatz Wert und Ehre deutscher Sprache. Mit seiner Klage über die Zerrissenheit der deutschen Nation und ihrer Sprache gehört das Werk ins Umfeld der großen Schrifttumsrede.

27. Dezember: 1848: Märzrevolution: Die Frankfurter Nationalversammlung setzt das Reichsgesetz betreffend die Grundrechte des deutschen Volkes in Kraft. Es bildet später das Kernstück der Paulskirchenverfassung.

28. Dezember: 1797: Nachdem Fürst Friedrich August von Anhalt-Zerbst ohne männlichen Nachkommen verstorben ist, wird das Fürstentum Anhalt-Zerbst auf die verbleibenden Linien Anhalt-Dessau, Anhalt-Köthen und Anhalt-Bernburg aufgeteilt. Die Stadt Zerbst wird verlost und von Leopold Friedrich Franz von Anhalt-Dessau gewonnen.

29. Dezember: 1165: Karl der Große wird vom Erzbischof von Köln, Rainald von Dassel, unter Billigung des Gegenpapstes Paschalis III. heiliggesprochen.

30. Dezember: 1812: Der preußische General Johann David Ludwig Graf Yorck von Wartenburg schließt auf eigene Initiative einen lokalen Waffenstillstand mit dem russischen General Hans Karl von Diebitsch-Sabalkanski. Die Konvention von Tauroggen ist die Initialzündung für die Befreiungskriege gegen Napoleon Bonaparte.

31. Dezember: 1519: Mit einem Überfall auf die Stadt Braunsberg im Ermland durch Hochmeister Albrecht von Brandenburg-Ansbach beginnt der sogenannte Reiterkrieg zwischen dem Deutschordensstaat und dem Königreich Polen.